PARTY-BROTE

GUTE IDEEN
SCHNELL & EINFACH

Vivo buch

INHALT

VORWORT

Partybrote sind heute ein echter Food-Trend und nicht nur auf Feiern wortwörtlich in aller Munde. Um ein wirklich neues Phänomen handelt es sich dabei aber eigentlich nicht: Schon vor 30.000 Jahren verwendeten Menschen gemahlenes Getreide, um daraus einen Brei herzustellen, den sie anschließend auf heißen Steinen trocknen ließen. So wurde das erste Brot geboren und binnen kürzester Zeit avancierte es zu einer der beliebtesten Beilagen, die zu allen möglichen Speisen gereicht werden kann. Und genau das zeichnet ein gutes Partybrot heutzutage aus: Es kann als Beilage serviert, mit Dips verfeinert oder auch einzeln als Snack zum geselligen Spaß jeder Party beitragen. Für ein nettes Beisammensein mit guten Freunden oder der Familie gibt es unzählige Anlässe: ein festliches Dinner zum Hochzeitstag, ein gemütlicher Grillabend bei der nächsten Fußball-WM oder eine rauschende Geburtstagsfeier. Genauso vielseitig wie die Anlässe fällt meist auch die Menügestaltung aus. Als Gastgeber haben Sie die Wahl und entscheiden sich zwischen eleganten Partyhäppchen, klassischer Hausmannskost oder raffinierten Snacks.

Partybrote sind von Festen und Feiern heute nicht mehr wegzudenken, denn sie besänftigen kleine Hungergefühle und punkten mit einem hervorragenden Geschmack. In puncto Raffinesse und Vielseitigkeit sind Partybrote grenzenlos: Vom süßen Monkey Bread über mexikanische Quesadillas bis hin zu französischem Baguette existiert für jeden Gusto und jede Party garantiert das passende Rezept.

In diesem Buch sind für Sie die besten, leckersten und raffiniertesten Partybrote zusammengestellt. Finden Sie für jeden Anlass das richtige Rezept oder sammeln Sie Inspirationen für eigene Ideen: Wie wäre es z. B. mit einem aromatischen Olivenbrot für das nächste Grillfest oder mit einer Focaccia für das bevorstehende Picknick? Exotisch wird es hingegen mit Naan oder gefülltem Pide, während die verschiedenen Stockbrotvariationen eher etwas für gesellige Feiern am Lagerfeuer sind. Ganz gleich, für welchen Anlass Sie ein Partybrot zubereiten – Ihre Gäste werden garantiert begeistert sein und es sich schmecken lassen.

Perfekt für jeden Anlass

Partybrote in den unterschiedlichsten Varianten eignen sich perfekt als Kombinationspartner für jedes Menü und sind dementsprechend der ideale Snack für jede Feierlichkeit. Zudem liegen sie derzeit voll im Trend und immer neue Rezepturen aus den unterschiedlichsten Küchen dieser Welt wollen ausprobiert werden. Doch was genau zeichnet ein gutes Partybrot eigentlich aus und wo liegen die Unterschiede zu gewöhnlichem Brot?

Die Vielseitigkeit der Partybrote

Partybrote sind deutlich mehr als nur ein einfacher Energielieferant. Obwohl sie sich teils mit nur wenigen Zutaten im Handumdrehen kreieren lassen, können sie den absoluten Mittelpunkt eines festlichen Büfetts bilden: Sie sind vielseitig, weil sie Beilage, Snack und Knabberspaß in einem sein können. Sie sind exotisch, weil sie die Geschmäcker und Aromen ferner Länder auf die Party holen. Und sie sind unkompliziert, weil sie sich meistens gut vorbereiten und dann später frisch servieren lassen. Es existieren zahlreiche unterschiedliche Rezepte für Partybrote. Für einen gemütlichen Kinoabend mit Freunden ist beispielsweise knuspriges Knabbergebäck genau das Richtige: aromatische Rosmarin-Grissini verwöhnen den Gaumen und ersetzen Chips und Schokolade. Zu einem ausgiebigen Grillabend passen hingegen die typischen Partybrotklassiker wie z. B. schnell zuzubereitendes Fladenbrot oder raffiniertes Stockbrot, das sich über Grill oder Lagerfeuer backen lässt. Einen besonders festlichen Anlass zelebrieren Sie mit einer gefüllten Ciabatta oder einem eleganten Olivenbrot aus besten Zutaten. Richtig gesellig wird es auf der großen Feier mit einem Pizza-Zopfbrot oder einem würzigen Pull Apart Bread mit Blattspinat und Feta. Gefüllte Partybrote sind ebenso beliebt wie ungefüllte Varianten. Es gibt große Partybrote, die in kleine Stücke geschnitten serviert werden, und es gibt kleine Mini-Partybrote, die den perfekten Snack abgeben und mit einem Bissen im Mund verschwinden. Partybrote müssen aber keineswegs immer nur herzhaft sein: Auch

süße Varianten kommen bei Festen und Feierlichkeiten gut an und können gerade auf einem Büfett das süße Dessert gut ersetzen.
Süße Partybrote sind nicht nur zu geselligen Anlässen am Abend gern gesehen, sondern können auch nachmittags zu Kaffee und Kuchen gereicht werden. Die Vorteile gegenüber Sahnetorten und Co. liegen klar auf der Hand: Zum einen haben sie häufig weniger Kalorien und zum anderen können sie auch an heißen Sommertagen gut serviert werden, weil dabei auf Sahne, Cremes und andere wärmeempfindliche Zutaten verzichtet wird.

Partybrote als ideales Mitbringsel

Partybrote eignen sich nicht nur hervorragend, um sie auf der eigenen Party zu servieren, sondern können auch gut eingepackt und mitgenommen werden. Ob für ein festliches Picknick im Park oder die Siegesfeier nach dem Fußballspiel der Kids – die leckeren Snacks sind ideal zum Draußenverspeisen. Auch als Gastgeschenk sind Partybrote beliebt: Ein Grillabend, zu dem jeder etwas mitbringen soll, oder eine Party im Vereinsheim, bei der eine ordentliche Mahlzeit die ideale Grundlage für das spätere feucht-fröhliche Vergnügen ist – Gelegenheiten für Partybrote als Mitbringsel gibt es viele.

Echte Klassiker und neueste Trends

Die Zeit steht niemals still und genauso wie die Kleidermode verändern sich auch die Essgewohnheiten der Menschen. Neue kreative Rezepte werden täglich entwickelt und auch Partybrote sind hiervon nicht ausgenommen. So gehören Backkreationen wie Monkey Bread oder Pull Apart Bread zur neusten Generation der Partybrote, während Ciabatta, Bruschetta oder Naan international als Klassiker gelten.
Ciabatta ist ein typisch italienisches Weißbrot, dessen Name ins Deutsche übersetzt „Pantoffel" bedeutet. Es wird klassischerweise mit Olivenöl, Salz, Hefe, Wasser und Weizenmehl hergestellt, besitzt eine knusprige Kruste und eignet sich ideal als Grundlage für Kanapees oder eine Bruschetta, bei der das Brot frisch geröstet und nach Wunsch belegt wird. Ebenfalls italienischer Herkunft ist die Focaccia, ein Fladenbrot aus Ligurien, das schon bei den Etruskern beliebt war. Naan hingegen ist ein fladenartiges Brot aus dem asiatischen Raum und passt hervorragend als Beilage zu gegrilltem Fleisch, Gemüse oder Salaten.
Deutlich moderner sind hingegen die verschiedenen Kreationen rund um Monkey Bread oder Pull Apart Bread. Monkey Bread (übersetzt „Affenbrot") ist ein neuer Partybrottrend, der aus den USA zu uns nach Europa geschwappt ist. Im Gegensatz zu klassischem Brot, das im Ganzen gebacken wird, besteht es aus kleineren Brotteigeinheiten, klassischerweise Teigkugeln, die im Ofen zu einem großen Brot zusammengebacken werden. Verzehrt wird das Monkey Bread, indem man einzelne Teile des Brots abzupft – genau so, wie kleine Äffchen sich verschiedene Speisen teilen. Das klassische Monkey Bread ist ein süßes Brot, es gibt aber auch herzhafte Varianten. Pull Apart Bread geht in eine ähnliche Richtung: Für dieses Zupfbrot werden die Teigeinheiten in Scheiben geschnitten, die zum Backen aufrecht geschichtet werden. Auch dieses Brot kann süß oder herzhaft zubereitet werden. Es wird meist noch warm serviert und dann von den Partygästen einfach Stück für Stück auseinandergezupft. Daneben gibt es das schnell gemachte Party-Zupfbrot, das als herkömmlicher Brotlaib einfach über Kreuz einge-

schnitten, mit Käse und anderen Zutaten gefüllt und überbacken wird. Alle Partybrote bestechen durch vielfältige Variationsmöglichkeiten: Mit verschiedenen Kräutern und Gewürzen sowie Dips und Soßen lässt sich jedes Rezept nach eigenem Geschmack abwandeln. Getrockneter Rosmarin oder Thymian in einer frischen Ciabatta oder Schwarzkümmel in einem Naan sind hierfür beste Beispiele. Auch Monkey Bread und Zupfbrot waren ursprünglich süße Partybrote, die sich aber ganz leicht auch in herzhaften Varianten herstellen lassen.

Gut geplant schmeckt besser

Partybrote sind auf jeder Feierlichkeit gern gesehene Gäste, erfordern unter Umständen aber ein wenig Vorbereitung und Organisation. Schließlich soll sichergestellt sein, dass für die Zubereitung alle nötigen Zutaten im Haus sind und dass das fertige Partybrot jedem Gast schmeckt. Aus diesem Grund lohnt es sich, ein paar Minuten in die Planung zu investieren. Doch keine Sorge: Mit den richtigen Einkaufs- und Zeitspartipps wird auch das zu einem Kinderspiel.

Für jede Party das richtige Brot

Partys sind genauso vielseitig wie die dazu passenden Menüs. Umso wichtiger ist es, dass Sie bei der Planung der Partybrote auf ein stimmiges Gesamtkonzept achten. Auf einem bunten Büfett, bei dem alle Gäste ihre Mitbringsel einfach auf dem Tisch abstellen und Salate neben Suppen und Kroketten stehen, ist jedes Partybrot passend. Bei einem Motto, einem Thema oder einem besonderen Anlass kann das jedoch ganz anders aussehen. Immer dann, wenn es auf ein harmonisches Ganzes ankommt, sollten Sie deshalb bei der Auswahl des richtigen Partybrots besonders sorgfältig sein.

So passen kleine Knabbereien wie knusprige Sesamstangen oder Mini-Brezeln ideal zu einem aufregenden Fußballabend, während ein Pull Apart Bread mit Zimt die sportlich aufgeheizten Gäste vermutlich weniger anspricht. Auch beim Grillabend sollten Sie darauf achten, dass Ihr Partybrot den gegrillten Köstlichkeiten nicht die Show stiehlt: Ein würziges Stockbrot all'italiana ist die perfekte Beilage zu Steak und Würstchen, wohingegen raffinierte Spinat-Käse-Muffins den gegrillten Speisen beinahe schon den Rang ablaufen. Monkey Bread ist für einen festlichen Anlass, bei dem

Ihre Gäste die beste Abendgarderobe aus dem Schrank holen, eher nicht das richtige Partybrot, denn das Zupfen und Zerpflücken geht meist nicht völlig ohne Spuren an den Händen vonstatten. Kleine Partybrötchen mit Gewürzen, die zusammen mit einem leckeren Dip oder Aufstrich genossen werden, sind da schon deutlich angemessener. Wer sich über das Motto, den richtigen Anlass und die dazu passenden Partybrote Gedanken macht, sollte sich trotzdem nie zu stark von Konventionen lenken lassen: Gut ist, was gut schmeckt, und wer deftige Zwiebeltörtchen oder ein würziges Pizza-Zopfbrot liebt, sollte beides auch ruhig beim nächsten Event servieren. Manchmal lohnt es sich, Neues auszuprobieren, und letztendlich entscheidet ohnehin jeder Gast für sich selbst, ob er sich lieber ein originelles Kürbisbrötchen oder ein deftiges Würstchen im Brotteig vom Partybüfett nimmt.

Partybrote von vegan bis glutenfrei

Allergien und Lebensmittelunverträglichkeiten sind heutzutage für viele Menschen ein ständiger Begleiter. Das Prüfen von Zutatenlisten und Inhaltsstoffen gehört für sie immer dazu, wenn sie Speisen und Getränke genießen möchten, die sie nicht

selbst zubereitet haben. Wer Partybrote servieren oder als Gastgeschenk zur nächsten Feier mitnehmen möchte, sollte daher am besten von vornherein auf Allergien, Unverträglichkeiten oder spezifische Essgewohnheiten seiner Gäste achten. Wenn beispielsweise viele Vegetarier eingeladen sind, lohnt es sich, die Pizzaschnecken ohne Schinken herzustellen oder das Schinken-Käse-Zupfbrot vom Grill in ein reines Käse-Zupfbrot umzuwandeln. Das erspart Ihnen lange Erklärungen und den Gästen eine Enttäuschung.

Wer ein veganes Partybrot backen und beispielsweise bei Muffins und Co. auf die oftmals obligatorischen Eier verzichten möchte, kann sich mit verschiedenen Alternativen behelfen: In süßen Partybroten sorgen Apfelmus und Banane für die fluffige Konsistenz und fruchtige Noten, während Kichererbsenmehl und Wasser auch in herzhaften Partybroten die richtige Bindung garantieren. Auch Sojamehl oder Johannisbrotkernmehl kann, angerührt mit etwas Wasser, die benötigten Eier ersetzen. Auch auf Lebensmittelunverträglichkeiten können Sie schon beim Backen Rücksicht nehmen. So können Sie für Gäste, die unter Laktoseintoleranz leiden, Milchprodukte wie Sahne, Frischkäse oder Milch ganz einfach durch laktosefreie Ersatzprodukte austauschen. Auch glutenfreie Rezepte sind dank Maismehl, Süßkartoffelmehl oder Buchweizenmehl problemlos zuzubereiten. Allerdings lohnt es sich in diesem Fall, etwas herumzuprobieren, denn durch die Verwendung glutenfreier Mehle können sich Backzeiten und Flüssigkeitsangaben gegebenenfalls ändern.

Strukturiert einkaufen und planen

Vor dem Einkaufen ist das Erstellen einer Liste der wichtigste Schritt, damit später bei der Zubereitung auch wirklich alle Zutaten vorhanden sind. Mehl, Salz und andere Grundzutaten stehen eventuell noch im eigenen Vorratsschrank bereit. Wer Geld sparen und weniger einkaufen möchte, kann sein Partybrot auch nach den bereits vorhandenen Zutaten auswählen. Auch das Planen mit Blick auf die jeweils aktuelle Saison kann dazu beitragen, Geld einzusparen: So lassen sich beispielsweise Pull Apart Bread mit Zucchini oder Heidelbeer-Quark-Monkey-Bread vor allem im Juli und den darauffolgenden Monaten besonders günstig zubereiten, weil die frischen Zutaten dann Saison haben. Günstig und schnell sind auch Zupfbrote zubereitet, für die man fertige Brote verwendet, sie einschneidet und jeweils nur mit verschiedenen Füllungen verfeinert.

Partybrote im Voraus zubereiten

Wer schon einmal eine Party geplant hat, der weiß, dass es gerade in den letzten Stunden und Minuten stressig und hektisch zugehen kann. Deshalb freut es alle Gastgeber, wenn sich zumindest ein Teil der Speisen schon im Voraus zubereiten lässt. Auch bei verschiedenen Partybroten ist es möglich, die Zubereitung schon im Vorfeld zu erledigen, sodass sie nur noch kurz vor Beginn des Fests in den Ofen geschoben werden müssen oder vielleicht sogar schon am Tag vorher komplett fertiggebacken werden können. Partybrote aus Hefeteig sind besonders gut für die Zubereitung im Vorfeld geeignet: Der Teig lässt sich hervorragend bis zu 24 Stunden im Voraus herstellen und anschließend optimal im Kühlschrank aufbewahren. Wer noch weiter in die Zukunft plant, der kann den frischen Hefeteig auch einfrieren und so gleich die Grundlage für die Partybrote der nächsten Monate auf einmal herstellen. Dabei kann der Teig bereits fertig geformt als Bällchen, Zopf oder Brötchen im Kühlschrank gelagert werden. Wichtig: Da der Teig im Kühlschrank aufgeht, sollten die Teigrohlinge unbedingt mit ausreichend viel Platz zu allen Seiten untergebracht werden. Hefeteig, der ins Gefrierfach wandern soll, wird am besten zu einer Kugel geformt und anschließend mit ein wenig Mehl bestäubt, damit er nirgends festklebt.

Wer nicht nur den Teig im Voraus zubereiten, sondern nach Möglichkeit auch direkt das komplette Partybrot vorher fertig backen möchte, sollte darauf achten, dass selbiges nicht trocken wird. Muffins oder auch Knabbergebäck lassen sich ideal schon einen Tag vorher backen. So können Aromen und Gewürze gut durchziehen und die Gebäckstücke können erst richtig knusprig werden. Wer zu seinen Partybroten Dips und Aufstriche reichen möchte, kann auch diese gut am Tag vor der Party zubereiten. Die verschiedenen Monkey-Bread- oder Pull-Apart-Bread-Varianten hingegen sollten erst unmittelbar vor dem Servieren in den Ofen wandern, denn frisch und fluffig verbreiten sie ihren unwiderstehlichen Genuss am besten.

Partybrote zubereiten

Die verschiedenen Rezepturen für Partybrote beinhalten auch unterschiedliche Zubereitungsmethoden, die sich teilweise deutlich voneinander unterscheiden. Das klassische Brot, das wir hierzulande gern zum Frühstück verspeisen, wird meist im Backofen zubereitet. Auch Brötchen, Monkey Bread sowie Blätterteigstangen werden im Ofen gebacken, bis sie servierfertig sind. Naan hingegen wird typischerweise in der Pfanne angebraten, während Stockbrot über offener Flamme gebacken wird. Wenn Sie ein Partybrot zubereiten möchten, sollten Sie unbedingt die verschiedenen Zubereitungsmöglichkeiten von vornherein berücksichtigen, damit Sie und Ihre Partygäste mit dem Ergebnis auch wirklich zufrieden sein können.

Partybrot backen: Tipps & Tricks

Je nachdem, für welches Partybrot Sie sich entscheiden, müssen Sie für die Herstellung ausreichend Zeit mitbringen. Gerade Brote, bei denen der Teig ruhen und aufgehen muss, können die Geduld inmitten einer stressigen Partyplanung gehörig auf die Probe stellen. Umso wichtiger ist es, dass das Zeitmanagement stimmt, denn nur ein Brotteig, der in Ruhe reifen durfte, wird anschließend so fluffig, locker und aromatisch, wie Sie und Ihre Gäste ihn lieben. Wenn es zeitlich einmal gar nicht mehr hinhauen sollte, kann ein Brotteig mit ausreichend Flüssigkeit zusammen im Ofen bei einer niedrigen Temperatur aufgehen. Ein weiterer wichtiger Tipp: Sämtliche Zutaten sollten sehr genau abgewogen werden. Zu viel Mehl macht den Teig bröselig, während zu viel Flüssigkeit eine klebrige Konsistenz ergibt.

Dip, Aufstrich & Belag – die perfekten Begleiter

Viele Partybrote eignen sich hervorragend zur Kombination mit selbst gemachten Dips und Aufstrichen. Zwar können Sie Dips, Aufstriche und Co. auch einfach im Supermarkt kaufen, deutlich besser schmeckt es aber mit würzigen Aufstrichen aus der eigenen Küche. Während fertige Dips und Soßen häufig Geschmacksverstärker oder künstliche Aromen enthalten, wissen Sie bei selbst gemachten Dips genau, was drin ist und können sie Ihren Gästen guten Gewissens servieren.
Auch beim Belegen von Partybroten können Sie Ihrer Fantasie und Ihrem Geschmack freien Lauf lassen. Edle Zutaten wie schwarze Oliven, feiner Serranoschinken oder Chorizo bringen einen Hauch mediterranen Flair auf jedes Partybrot. Etwas rustikaler wird es mit würzigem Käse aus der Schweiz oder saftigem Burgunderschinken. Lachs, Scampi und andere Meeresfrüchte eignen sich nicht nur als Belag, sondern können auch in einem gefüllten Partybrot für einen echten Geschmackskick sorgen. Vergessen Sie außerdem beim Belegen die Gemüsegarnitur nicht: Ein knackig grünes Salatblatt, eine aromatische Gurke, ein Hauch würziger Petersilie und fruchtige Tomaten können Ihrem selbst gebackenen Partybrot den letzten Schliff geben und zaubern Ihren Gästen garantiert ein Lächeln aufs Gesicht. Wer sich also nicht schon von vornherein für ein gefülltes Partybrot entscheidet, hat auch im Nachhinein noch so einige Möglichkeiten, das festliche Backwerk ganz nach eigenem Geschmack – und dem der Gäste – zu variieren. So kommen Ihre Partybrote bei Ihren Gästen garantiert gut an!

Klassiker

PARTYBRÖTCHEN MIT GEWÜRZEN

Zutaten für ca. 7 Stück

350 g Mehl und etwas Mehl für die Arbeitsfläche,
1 TL Salz, 7 g Trockenhefe,
1–2 EL neutrales Pflanzenöl,
etwas Fett für die Form,
etwas Paprikapulver, Sesam, Kümmel und Mohn zum Bestreuen

Zubereitung *ca. 1 Std.*
Geh- und Kühlzeit *ca. 12 Std. und 30 Min.*

1. Mehl, Salz und Hefe in einer Schüssel vermischen. Öl und 200 Milliliter lauwarmes Wasser zugeben und mit den Knethaken des Handrührgeräts zu einem glatten Teig verarbeiten. Teig auf einer bemehlten Arbeitsfläche nochmals ca. 5–7 Minuten durchkneten und in sieben gleich große Stücke teilen.

2. Eine Springform einfetten. Aus jedem Teigstück ein rundes Brötchen formen. Brötchen mit etwas Abstand so in die Springform legen, dass die typische Blumenform entsteht. Mit Frischhaltefolie abdecken und ca. 12 Stunden im Kühlschrank ruhen lassen.

3. Brötchen aus dem Kühlschrank nehmen, Frischhaltefolie entfernen und ca. 30 Minuten bei Zimmertemperatur gehen lassen. Backofen auf 200 °C (Umluft: 180 °C) vorheizen. Ein ofenfestes Gefäß mit Wasser auf den Boden des Backofens stellen.

4. Brötchen mit lauwarmem Wasser bestreichen und nach Belieben mit Gewürzen und Samen bestreuen. Im vorgeheizten Backofen ca. 25–30 Minuten backen. Partybrötchen auf einem Kuchengitter auskühlen lassen.

OLIVEN-BROT

Zutaten für 1 Brot

300 g Mehl, ½ Würfel Hefe,
1 Prise Zucker, Salz,
5 EL Olivenöl (z. B. von Bertolli),
100 g schwarze entsteinte Oliven,
1 ½ EL Kräuter der Provence

Zubereitung *ca. 55 Min.*
Gehzeit *ca. 20 Min.*

1. Mehl in eine Rührschüssel geben. Hefe in 125 Millilitern lauwarmem Wasser auflösen. Mit Zucker, 1 ½ Teelöffeln Salz und 3 Esslöffeln Öl zum Mehl geben und mit den Knethaken des Handrührgeräts zu einem glatten Teig verkneten. Mit einem Tuch abdecken und ca. 20 Minuten an einem warmen Ort gehen lassen, bis sich das Teigvolumen verdoppelt hat.

2. Backofen auf 200 °C (Umluft: 180 °C) vorheizen. Oliven fein würfeln und mit 1 Esslöffel Kräuter der Provence mischen. Teig kräftig kneten und auf einer bemehlten Arbeitsfläche zu einem Rechteck von 30 x 40 Zentimetern ausrollen. Mit restlichem Öl bestreichen und Oliven darauf verteilen.

3. Teig von der langen Seite her locker aufrollen und mit der Nahtstelle nach unten auf ein mit Backpapier ausgelegtes Backblech setzen. Olivenbrot mit Salzwasser bestreichen und mit einem Messer mehrmals diagonal einschneiden. Restliche Kräuter darüberstreuen. Brot im vorgeheizten Backofen ca. 20–25 Minuten goldbraun backen.

TORTANO – GEFÜLLTES PIZZABROT

Zutaten für 1 Brot (ca. 16 Scheiben)

1 EL Zucker, 10 g frische Hefe, 400 g Mehl sowie etwas Mehl für die Arbeitsfläche und zum Bestäuben, Salz, 8 EL Olivenöl, 1 Zucchini, 1 Paprikaschote, 2 Knoblauchzehen, 1 Zwiebel, frisch gemahlener Pfeffer, 1 TL getrockneter Thymian, 125 g Mozzarella, 8 dünne Scheiben gekochter Schinken, 150 g geriebener Hartkäse

Zubereitung *ca. 1 Std. und 5 Min.*
Gehzeit *ca. 45 Min.*

1. Zucker und Hefe in einer kleinen Schüssel verrühren. Mehl in eine Rührschüssel geben und mit 1 ½ Teelöffeln Salz mischen. 3 Esslöffel Öl, 250 Milliliter lauwarmes Wasser und Hefe-Zucker-Mischung zufügen. Mit den Knethaken des Handrührgeräts zu einem glatten Teig verkneten. Zugedeckt an einem warmen Ort ca. 45 Minuten gehen lassen.

2. Zucchini und Paprikaschote waschen, Stiele und Kerne entfernen und Gemüse würfeln. Knoblauch und Zwiebel schälen und fein hacken. 2 Esslöffel Öl in einer Pfanne erhitzen und Gemüse darin ca. 10 Minuten braten. Dabei ab und zu umrühren. Mit Salz, Pfeffer und getrocknetem Thymian abschmecken und beiseitestellen.

3. Backofen auf 200 °C (Umluft: 180 °C) vorheizen. Mozzarella über einem Sieb abtropfen lassen und fein würfeln. Teig kräftig kneten und auf einer bemehlten Arbeitsfläche zu einem Rechteck von 30 x 60 Zentimetern ausrollen. Mit Schinkenscheiben belegen, dabei einen ca. 2 Zentimeter breiten Rand an den Längsseiten lassen. Gemüse und Mozzarella auf dem Schinken verteilen. Geriebenen Käse darüberstreuen. Teigränder mit etwas Wasser bestreichen.

4. Teig von einer langen Seite her aufrollen und zu einem Kranz formen. Kranz auf ein mit Backpapier ausgelegtes Backblech setzen. Mit etwas Mehl bestäuben und mit restlichem Öl bestreichen. Im vorgeheizten Backofen ca. 35 Minuten backen. Dazu passt Kräuterquark.

GESTRUDELTES PARTYBROT

Zutaten für ca. 25 Scheiben

500 g Mehl und etwas Mehl für die Arbeitsfläche, 1 ½ TL Salz, 1 TL Zucker, 7 g Trockenhefe, 3 EL Kräuter der Provence (TK-Produkt), 2 EL Olivenöl, 150 g rotes Pesto, 300 g Feta

Zubereitung *ca. 50 Min.*
Gehzeit *ca. 1 Std. und 30 Min.*

1. Mehl, Salz, Zucker und Hefe in eine Rührschüssel geben und vermischen. Kräuter auftauen lassen und untermischen. 375 Milliliter lauwarmes Wasser und Öl zufügen. Mit den Knethaken des Handrührgeräts zu einem glatten Teig verkneten. Zugedeckt an einem warmen Ort ca. 1 Stunde gehen lassen.

2. Teig kräftig kneten und auf einer bemehlten Arbeitsfläche zu einem Rechteck von 35 x 40 Zentimetern ausrollen. Pesto gleichmäßig auf dem Teig verteilen, dabei einen ca. 1,5 Zentimeter breiten Rand lassen. Feta daraufbröseln. Teig von einer langen Seite her eng aufrollen und Seiten etwas andrücken. Mit der Nahtstelle nach unten auf ein mit Backpapier belegtes Blech setzen. Backofen auf 220 °C (Umluft: 200 °C) vorheizen. Teig nochmals ca. 30 Minuten an einem warmen Ort gehen lassen.

3. Im vorgeheizten Backofen ca. 10 Minuten backen. Temperatur auf 200 °C (Umluft: 180 °C) reduzieren und Partybrot weitere ca. 15–20 Minuten goldbraun backen.

PIZZA-ZOPFBROT

Zutaten für 1 Zopf

160 ml lauwarme Milch und etwas Milch zum Bestreichen, ½ Würfel Hefe, ½ TL Zucker, 300 g Mehl und etwas Mehl für die Arbeitsfläche, 1 TL Salz, 30 ml Öl, 1 kleine rote Paprikaschote, 200 g gekochter Schinken, 160 g Käse (z. B. Gouda), 2 Prisen Cayennepfeffer, 1 TL gehackte Kräuter

Zubereitung *ca. 1 Std.*
Gehzeit *ca. 1 Std. und 10 Min.*

1. Milch, Hefe und Zucker in einer Rührschüssel vermischen. Ca. 5 Minuten ruhen lassen. Mehl, Salz und Öl zufügen und mit den Knethaken des Handrührgeräts zu einem glatten Teig verkneten. Zugedeckt an einem warmen Ort ca. 45 Minuten gehen lassen.

2. Paprikaschote waschen, entkernen und sehr fein würfeln. Schinken und Käse ebenfalls fein würfeln. Füllung mit Cayennepfeffer abschmecken.

3. Teig kräftig kneten und auf einer bemehlten Arbeitsfläche zu einem Rechteck von 35 x 40 Zentimetern ausrollen. In drei gleich große Streifen schneiden. Füllung darauf verteilen und glatt streichen, dabei einen kleinen Rand lassen. Teigstreifen von einer langen Seite her aufrollen, Ränder mit etwas Wasser festdrücken. Teigrollen vorsichtig zu einem Zopf flechten und Zopf auf ein mit Backpapier ausgelegtes Backblech setzen. Pizza-Zopfbrot mit etwas Milch bestreichen. Backofen auf 200 °C (Umluft: 180 °C) vorheizen. Pizza-Zopfbrot abdecken und nochmals ca. 20 Minuten gehen lassen.

4. Pizza-Zopfbrot mit Kräutern bestreuen und im vorgeheizten Backofen ca. 30 Minuten goldbraun backen.

SCHINKENBROT „PAN DE JAMÓN“

Zutaten für 1 Brot

*500 g Mehl und etwas Mehl für die Arbeitsfläche,
7 g Trockenhefe, 50 g Zucker, 1 Prise Salz,
50 g Butter, 200 ml lauwarme Milch,
3 Eier, 500 g Schinken, 100 g Bacon,
1 Dose gefüllte Oliven, 100 g Rosinen*

Zubereitung *ca. 1 Std. und 30 Min.*
Gehzeit *ca. 2 Std.*

1. Mehl, Hefe, Zucker und Salz in einer Rührschüssel vermischen. Butter in einem kleinen Topf zerlassen und zugeben. Milch und 2 Eier zugeben und mit den Knethaken des Handrührgeräts zu einem glatten Teig verkneten. Zugedeckt an einem warmen Ort ca. 1 Stunde gehen lassen.

2. Teig kräftig kneten und auf einer bemehlten Arbeitsfläche zu einem Rechteck von 35 x 40 Zentimetern ausrollen. Schinken und Bacon in Streifen schneiden. Teig gleichmäßig mit Schinken, Bacon, Oliven und Rosinen belegen. Von einer langen Seite her aufrollen und Seiten etwas andrücken. Mit der Nahtstelle nach unten auf ein mit Backpapier ausgelegtes Backblech setzen. Abgedeckt nochmals ca. 1 Stunde an einem warmen Ort gehen lassen. Backofen auf 180 °C (Umluft: 160 °C) vorheizen.

3. Restliches Ei verschlagen und Schinkenbrot damit bestreichen. Im vorgeheizten Backofen ca. 40–60 Minuten backen. Etwas abkühlen lassen, in Scheiben schneiden und servieren.

Tipp Wer möchte, kann etwas mehr Teig zubereiten und das Schinkenbrot vor dem Backen mit einem Flechtmuster aus Teigstreifen verzieren.

PESTO-BROTKRANZ

Zutaten für 1 Brotkranz

450 g Mehl und etwas Mehl für die Arbeitsfläche, Salz, 15 g frische Hefe, 2 EL Zucker, 6 EL Olivenöl, 3 Bund Basilikum, 1 Knoblauchzehe, 50 g Pinienkerne, 20 g geriebener Parmesan, frisch gemahlener Pfeffer

Zubereitung *ca. 1 Std.*
Gehzeit *ca. 1 Std.*

1. Mehl mit 1 Prise Salz in einer Rührschüssel vermischen. In die Mitte eine Mulde drücken. Hefe mit 300 Millilitern lauwarmem Wasser und Zucker verrühren, bis sich die Hefe aufgelöst hat. Hefewasser in die Mulde gießen. 1 Esslöffel Öl zufügen und mit den Knethaken des Handrührgeräts zu einem glatten Teig verkneten. Zugedeckt an einem warmen Ort ca. 1 Stunde gehen lassen.

2. Basilikum waschen, trocken schütteln und Blättchen abzupfen. Knoblauch schälen. Basilikum, Knoblauch, Pinienkerne, Parmesan und restliches Öl in einen Mixer geben und pürieren. Pesto mit Salz und Pfeffer abschmecken.

3. Backofen auf 220 °C (Umluft: 200 °C) vorheizen. Teig kräftig kneten und auf einer bemehlten Arbeitsfläche ca. 1 Zentimeter dick zu einem Quadrat ausrollen. Pesto darauf verteilen und glatt streichen. Teig von einer Seite her aufrollen. Rolle in der Mitte längs halbieren und Stränge vorsichtig zu einem Kranz flechten. Backblech mit Backpapier auslegen und Kranz daraufsetzen.

4. Im vorgeheizten Backofen ca. 30 Minuten backen. Herausnehmen und kurz abkühlen lassen. Lauwarm servieren. Dazu passt ein Frischkäse-Joghurt-Dip.

Zubehör zum Brotbacken

Das wichtigste Werkzeug zum Brotbacken sind immer noch die eigenen Hände. Unverzichtbar sind auch – je nach Art der Zubereitung – ein Backofen, Brotbackautomat, Herd und Pfanne – oder man bereitet ein Stockbrot über offenem Feuer zu. Meist werden Brote im Backofen gebacken. Je nach Hersteller gilt es dabei, selbst herauszufinden, ob die im Rezept angegebene Backzeit auch zum eigenen Modell passt (am besten Klopfprobe machen: ein ausgebackenes Brot klingt dumpf und hohl, wenn man auf die Unterseite klopft). Wer sichergehen will, verwendet ein Ofenthermometer. Daneben gibt es auch noch einige andere nützliche Hilfsmittel, die zur Grundausstattung gehören. Wer Partybrote daher öfter selbst zubereitet, sollte sich also die entsprechenden Helfer zulegen.

Als Teigknetmaschine verwendet, hält die **Küchenmaschine** die Hände sauber. Sie sollte stabil sein und zwei bis drei Kilo Teig fassen können.

Unverzichtbar ist eine **Rührschüssel** zum Anmischen und Gehenlassen des Teigs. Mit einem Leinentuch abgedeckt, lässt man den Teig reifen.

In **Gärkörben** kann man die Teiglinge fertig geformt reifen lassen. Der Teig bleibt daran weniger kleben und die Temperatur im Teig stabiler.

Kastenformen eignen sich vor allem für weiche Teige und Pull Apart Breads. Achten Sie darauf, die Form einzuölen oder mit Backpapier auszulegen.

Monkey Breads gelingen am besten in **Gugelhupfformen**. Mit einer **Teigkarte** können Sie Teig von den Händen schaben und Teigportionen abstechen.

Eine **Küchenwaage** ermöglicht grammgenaues Abwiegen. Vor allem für gefüllte Brote oder Kleingebäck benötigt man einen **Teigroller**.

KNOBLAUCH-BRÖTCHEN

Zutaten für 16 Stück

400 g Mehl, 2 TL Trockenhefe, ½ TL Zucker, Salz, 1 EL Öl, 125 g weiche Butter, abgeriebene Schale von ½ unbehandelten Zitrone, 1 EL Petersilie, ½ TL Cayennepfeffer, 5 Knoblauchzehen, 2 EL Paniermehl

Zubereitung *ca. 1 Std.*
Gehzeit *ca. 2 Std. und 30 Min.*

1. Mehl, Hefe, Zucker und 1 Teelöffel Salz in einer Rührschüssel mischen. In die Mitte eine Mulde drücken. 275 Milliliter lauwarmes Wasser in die Mulde gießen. Öl zufügen und mit den Knethaken des Handrührgeräts zu einem glatten Teig verkneten. Teig zugedeckt an einem warmen Ort ca. 1 Stunde gehen lassen.

2. Butter mit ½ Teelöffel Salz, Zitronenschale, Petersilie und Cayennepfeffer mischen. Knoblauch schälen, durch die Knoblauchpresse pressen und untermischen. Backform mit etwas Knoblauchbutter ausstreichen und mit Paniermehl bestreuen.

3. Teig nochmals kneten und zu einer Rolle formen. Rolle in 16 Stücke teilen. Teiglinge zu Brötchen formen. Brötchen nebeneinander in die Form setzen. Zwei Drittel der restlichen Knoblauchbutter in kleinen Flöckchen in den Zwischenräumen verteilen. Brötchen an einem warmen Ort ca. 1 ½ Stunden gehen lassen, bis sich das Volumen verdoppelt hat. Backofen auf 180 °C (Umluft: 160 °C) vorheizen.

4. Knoblauchbrötchen im vorgeheizten Backofen ca. 20 Minuten goldbraun backen. Aus dem Ofen nehmen und heiße Brötchen mit restlicher Knoblauchbutter bestreichen. Auskühlen lassen.

BRUSCHETTA MIT PILZEN

Zutaten für ca. 4 Portionen

½ Würfel Hefe, 4 EL Öl, Salz,
950 g Mehl und etwas Mehl für die Arbeitsfläche,
500 g gemischte Waldpilze, 1 Schalotte,
1 Knoblauchzehe, 3 Eier (hart gekocht),
frisch gemahlener Pfeffer, 1 EL gehackte Petersilie

Zubereitung *ca. 1 Std. und 15 Min.*
Gehzeit *ca. 1 Std. und 15 Min.*

1. Hefe in eine Schüssel geben. 2 Esslöffel Öl mit 600 Millilitern lauwarmem Wasser mischen und über die Hefe gießen. So lange verrühren, bis sich die Hefe aufgelöst hat. 2 Teelöffel Salz und Mehl zufügen und mit den Knethaken des Handrührgeräts zu einem glatten Teig verkneten. Teig zugedeckt an einem warmen Ort ca. 45 Minuten gehen lassen.

2. Backblech mit Backpapier auslegen. Teig auf einer bemehlten Arbeitsfläche kräftig kneten und vierteln. Jedes Viertel zu einem länglichen Laib formen und auf das Backpapier setzen. Zugedeckt ca. 30 Minuten gehen lassen. Backofen auf 225 °C (Umluft: 205 °C) vorheizen. Laibe mit einem scharfen Messer mehrfach längs einschneiden.

3. Im vorgeheizten Backofen auf der untersten Schiene ca. 30 Minuten backen und auskühlen lassen. Pilze putzen und in mundgerechte Stücke schneiden. Schalotte und Knoblauch schälen und fein hacken. Restliches Öl in eine Pfanne geben und Schalotte und Knoblauch darin andünsten. Pilze zugeben und weiterbraten, bis die Flüssigkeit fast verdampft ist. Eier grob in Stücke schneiden, zufügen und kurz mitbraten. Alles mit Salz und Pfeffer würzen.

4. Bruschetta in Scheiben schneiden und Pilz-Eier-Mischung darauf verteilen. Mit Petersilie bestreut servieren.

ITALIENISCHER CASATIELLO

Zutaten für 1 Brot

1 Würfel Hefe, 600 g Mehl und etwas Mehl für die Arbeitsfläche, 120 g zimmerwarme Butter und etwas Fett für die Form, 2 TL Zucker, 2 TL Salz, frisch gemahlener Pfeffer, 100 g Salami, 100 g Pancetta, 3 Eier (hart gekocht) und 1 Ei zum Bestreichen, 180 g geriebener Pecorino

Zubereitung *ca. 1 Std. und 20 Min.*
Gehzeit *ca. 3 Std.*

1. Hefe in 400 Millilitern lauwarmem Wasser auflösen. Mehl in eine Rührschüssel sieben. In die Mitte eine Mulde drücken. Aufgelöste Hefe, Butter, Zucker, Salz und Pfeffer zugeben und alles zu einem homogenen Teig verkneten. Ca. 2 ½ Stunden an einem warmen Ort gehen lassen.

2. Teig auf einer mit Mehl bestäubten Arbeitsfläche zu einem Rechteck von ca. 60 x 45 Zentimetern ausrollen.

3. Salami, Pancetta und hart gekochte Eier in Würfel schneiden und mit dem Pecorino gleichmäßig auf dem Teig verteilen. Dabei rundum einen Rand von ca. 1 Zentimeter frei lassen.

4. Teig von einer kurzen Seite her aufrollen und in eine gefettete Springform mit Rohrboden legen. Nochmals ca. 30 Minuten an einem warmen Ort gehen lassen. Backofen auf 200 °C (Umluft: 180 °C) vorheizen.

5. Casatiello mit verschlagenem Ei bestreichen und im vorgeheizten Backofen ca. 40–50 Minuten backen.

PARTY-ZWIEBELBROT

Zutaten für 1 Brot

600 g Mehl und etwas Mehl für die Arbeitsfläche, 14 g Trockenhefe, 1 EL Zucker, 1 TL Salz, 200 g Kräuterschmelzkäse, 150 g zimmerwarme Butter, 1 Beutel Zwiebelsuppe

Zubereitung *ca. 1 Std. und 5 Min.*
Gehzeit *ca. 2 Std. und 15 Min.*

1. Mehl in eine Schüssel sieben. In die Mitte eine Mulde hineindrücken. Hefe in die Mulde bröseln und mit 300 Millilitern lauwarmem Wasser, etwas Mehl, Zucker und Salz zu einem dickflüssigen Vorteig verrühren. Zugedeckt an einem warmen Ort ca. 15 Minuten ruhen lassen.

2. Schmelzkäse zufügen und alles zu einem glatten Teig verkneten. Zugedeckt an einem warmen Ort ca. 2 Stunden gehen lassen.

3. Backofen auf 180 °C (Umluft: 160 °C) vorheizen. Butter mit Zwiebelsuppenpulver mischen. Teig kräftig kneten und auf einer bemehlten Arbeitsfläche zu einem Rechteck von 35 x 40 Zentimetern ausrollen. Gleichmäßig mit Zwiebelbutter bestreichen. Teig von einer schmalen Seite her aufrollen und mit der Nahtstelle nach unten auf ein mit Backpapier ausgelegtes Backblech setzen. Mit einem scharfen Messer mehrmals der Länge nach einschneiden.

4. Im vorgeheizten Backofen ca. 25–35 Minuten goldbraun backen. Zwiebelbrot lauwarm servieren.

PAPRIKA-LAUCH-BROT

Zutaten für 1 Brot

8 EL Sonnenblumenöl, 500 g Mehl und etwas Mehl für die Arbeitsfläche, 7 g Trockenhefe, 2 TL Salz, ½ TL Zucker, 1 Paprikaschote, 1 Stange Lauch, 100 g Käse (z. B. Gouda), Cayennepfeffer, 1 TL gehackte Petersilie, 1 Eigelb

Zubereitung *ca. 1 Std.*
Gehzeit *ca. 1 Std.*

1. Öl, Mehl, Hefe, Salz, Zucker und 250 Milliliter lauwarmes Wasser in einer Rührschüssel zu einem glatten Teig verkneten. Abgedeckt an einem warmen Ort ca. 1 Stunde ruhen lassen. Paprikaschote und Lauch waschen. Paprikaschote entkernen. Lauch, Paprikaschote und Käse fein würfeln. Backofen auf 220 °C (Umluft: 200 °C) vorheizen.

2. Teig kräftig kneten und auf einer bemehlten Arbeitsfläche zu einem Rechteck von 40 x 20 Zentimetern ausrollen. Lauch, Paprika und Käse darauf verteilen, dabei einen ca. 1 Zentimeter breiten Rand lassen. Mit Cayennepfeffer und Petersilie bestreuen. Teig von einer langen Seite her aufrollen und mit der Nahtstelle nach unten auf ein mit Backpapier ausgelegtes Backblech setzen.

3. Paprika-Lauch-Brot im vorgeheizten Backofen ca. 20 Minuten backen. Eigelb mit etwas Wasser verrühren, Brot damit bepinseln und ca. 5 Minuten fertig backen. Auf einem Kuchengitter auskühlen lassen.

STROMBOLI MIT KÄSE UND SALAMI

Zutaten für 1 Brot

2 TL Zucker, 4 g Trockenhefe, 200 g Mehl und etwas Mehl für die Arbeitsfläche, Salz und etwas grobes Meersalz zum Bestreuen, 5 EL Olivenöl, 1 Knoblauchzehe, 1 Schalotte, 200 g passierte Tomaten, einige Blättchen Basilikum, 120 g Emmentaler, 100 g Salami in Scheiben, frisch gemahlener Pfeffer, 2 TL Oregano

Zubereitung *ca. 1 Std. und 30 Min.*
Gehzeit *ca. 1 Std. und 30 Min.*

1. 80 Milliliter Wasser mit 1 Teelöffel Zucker auf ca. 32 °C erhitzen. Hefe unterrühren und ca. 30 Minuten ruhen lassen. Mehl, 1 Teelöffel Salz und 3 Esslöffel Öl zufügen und alles zu einem glatten Teig verkneten. Zugedeckt an einem warmen Ort ca. 1 Stunde ruhen lassen.

2. Knoblauch und Schalotte schälen und fein hacken. 1 Esslöffel Öl in einem Topf erhitzen und Knoblauch und Schalotte darin anbraten. Passierte Tomaten zugeben und mit restlichem Zucker und etwas Salz abschmecken. Ca. 30 Minuten bei geringer Hitze köcheln lassen. Basilikum waschen, fein hacken und unterrühren. Topf vom Herd nehmen und abkühlen lassen.

3. Backofen auf 180 °C (Umluft: 160 °C) vorheizen. Teig kräftig kneten und auf einer bemehlten Arbeitsfläche zu einem Rechteck ausrollen. In der Mitte mit Tomatensoße bestreichen. Emmentaler und Salami in dünne Streifen schneiden. Beides auf dem Teig verteilen. Erst lange, dann kurze Seiten umklappen und festdrücken. Mit der Nahtseite nach unten auf ein mit Backpapier belegtes Backblech legen.

4. Stromboli mit restlichem Öl bestreichen und mit Pfeffer, Meersalz und Oregano bestreuen. Im vorgeheizten Backofen ca. 25–30 Minuten goldbraun backen.

GEFÜLLTE CIABATTA

Zutaten für ca. 4 Portionen

200 g Mehl und etwas Mehl zum Bestäuben, 10 g frische Hefe, ½ TL Honig, 1 EL Olivenöl, 1 EL getrockneter Oregano, 1 TL Salz, 190 g Artischockenherzen (aus dem Glas), 50 g getrocknete Tomaten in Öl, 120 g Bergkäse, 1 Beutel Zwiebelsuppe (z. B. Feinschmecker Zwiebelsuppe von Knorr), 100 g gekochter Schinken in dünnen Scheiben

Zubereitung *ca. 1 Std. und 5 Min.*
Gehzeit *ca. 35 Min.*

1. Mehl in eine Schüssel sieben und eine Mulde hineindrücken. Hefe in die Mulde bröseln und mit 125 Millilitern lauwarmem Wasser, etwas Mehl und Honig zu einem dickflüssigen Vorteig verrühren. Abgedeckt an einem warmen Ort ca. 10 Minuten gehen lassen.

2. Olivenöl, Oregano und Salz zugeben und alles zu einem homogenen Teig verkneten. Wiederum abdecken und weitere ca. 15 Minuten gehen lassen. Teig auf Backpapier dünn zu einem Rechteck (ca. 30 x 20 Zentimeter) ausrollen und abgedeckt weitere ca. 10 Minuten gehen lassen.

3. Backofen auf 200 °C (Umluft: 180 °C) vorheizen. Artischockenherzen in Spalten schneiden, Tomaten klein schneiden und Käse reiben. Beutelinhalt Zwiebelsuppe in 125 Milliliter kaltes Wasser einrühren, unter Rühren aufkochen und Suppenpulver vollständig im Wasser auflösen. Zwiebelcreme etwas abkühlen lassen und auf dem Teig verstreichen. Mit Schinkenscheiben, Artischocken, Käse und Tomaten belegen und aufrollen.

4. Ciabatta mit der Nahtstelle nach unten auf ein mit Backpapier belegtes Blech setzen. Mit etwas Mehl bestäuben und im vorgeheizten Backofen auf der untersten Schiene ca. 25 Minuten backen.

Trendige Partybrote

PULL-APART-PIZZA

Zutaten für 1 Kastenform (ca. 20 Scheiben)

1 Würfel Hefe, 1 EL Zucker und etwas Zucker zum Abschmecken, 500 g Mehl und etwas Mehl für die Arbeitsfläche, Salz, 4 EL Olivenöl und etwas Fett für die Form, 1 Zwiebel, 1 Knoblauchzehe, 1 Dose stückige Tomaten (à 425 ml), frisch gemahlener Pfeffer, 200 g Käse (z. B. Gouda), 300 g scharfe Salami in dünnen Scheiben

Zubereitung *ca. 1 Std. und 25 Min.* **Gehzeit** *ca. 1. Std. und 30 Min.*

1. Hefe mit Zucker in einer kleinen Schüssel verrühren. Mehl in eine Rührschüssel sieben und mit 1 Teelöffel Salz mischen. 3 Esslöffel Öl, ca. 300 Milliliter lauwarmes Wasser und Hefe-Zucker-Gemisch zufügen. Mit den Knethaken des Handrührgeräts zu einem glatten Teig verkneten. Abgedeckt an einem warmen Ort ca. 1 Stunde gehen lassen.

2. Zwiebel und Knoblauchzehe schälen und fein hacken. Restliches Öl in einem Topf erhitzen und Zwiebel und Knoblauch darin anbraten. Tomaten zugeben. Mit Salz, Pfeffer und 1 Prise Zucker abschmecken. Offen ca. 10 Minuten köcheln lassen. Vom Herd nehmen und beiseitestellen.

3. Käse grob reiben. Teig kräftig kneten und auf einer bemehlten Arbeitsfläche zu einem Quadrat von 50 x 50 Zentimetern ausrollen. Tomatensoße gleichmäßig darauf verstreichen. Käse darauf verteilen und mit Salami belegen. Teig in sechs gleich große Streifen schneiden. Jeweils drei Streifen aufeinanderlegen. Den obersten Streifen mit der belegten Seite nach unten legen. Beide Teigstapel jeweils quer in sechs Stücke schneiden. Backofen auf 200 °C (Umluft: 180 °C) vorheizen.

4. Eine ca. 25–30 Zentimeter große Kastenform einfetten und Teigstücke vorsichtig in die Form schichten. Abgedeckt ca. 30 Minuten gehen lassen. Im vorgeheizten Backofen ca. 30–40 Minuten backen. Dazu passt ein Oliven- oder Knoblauchdip.

KNOBLAUCH-KÄSE-ZUPFBROT

Zutaten für 1 Brot

½ Würfel Hefe, 600 g Weizenmehl und etwas Mehl zum Bestäuben, 400 g Vollkornmehl, Salz, 3–4 TL gemahlenes Brotgewürz (Koriander, Fenchel, Kümmel), 150 g flüssiger Sauerteig, 3 Knoblauchzehen, 8 EL Butter, 2 EL fein gehackte Petersilie, frisch gemahlener Pfeffer, 250 g Weichkäse

Zubereitung *ca. 1 Std. und 50 Min.* **Gehzeit** *ca. 3 Std.*

1. Hefe in ca. 400–450 Millilitern lauwarmem Wasser auflösen. Mehle in eine Rührschüssel sieben und mit 3 Teelöffeln Salz und Brotgewürz mischen. Sauerteig und Hefewasser zufügen. Mit den Knethaken des Handrührgeräts zu einem glatten Teig verkneten. Abgedeckt an einem warmen Ort ca. 1 ½ Stunden gehen lassen.

2. Backblech mit Backpapier auslegen. Teig vorsichtig auf das Backpapier legen und mit etwas Mehl bestäuben. Zu einem Brotlaib formen und abgedeckt nochmals ca. 1 ½ Stunden gehen lassen. Backofen auf 250 °C (Umluft: 230 °C) vorheizen.

3. Schüssel mit heißem Wasser unten in den Backofen stellen. Sauerteigbrot im vorgeheizten Backofen ca. 10 Minuten backen. Temperatur auf 200 °C (Umluft: 180 °C) reduzieren und weitere ca. 40 Minuten backen. Auskühlen lassen. Knoblauchzehen schälen und fein hacken. Butter in einem Topf zerlassen und mit Knoblauch und Petersilie verrühren. Mit Salz und Pfeffer würzen. Backofen auf 180 °C (Umluft: 160 ° C) vorheizen.

4. Brot auf der Oberseite längs und quer bis ca. 1 Zentimeter über dem Brotboden einschneiden, sodass kleine mundgerechte Quadrate entstehen. Knoblauchbutter und Käse in die Lücken füllen. Brot mit Alufolie umwickeln und im vorgeheizten Backofen ca. 15 Minuten backen. Alufolie entfernen und weitere ca. 5 Minuten backen. Zupfbrot etwas abkühlen lassen und noch warm servieren.

BÄRLAUCH-SPINAT-FALTENBROT

Zutaten für 1 Kastenform

7 g Trockenhefe, 1 TL Zucker, 2 Eier, Salz, 50 ml Olivenöl und etwas Öl zum Bestreichen, 450 g Mehl und etwas Mehl für die Arbeitsfläche, 2 Knoblauchzehen, 120 g Butter, 120 g Spinat (klein geschnitten), 50 g Bärlauch (klein geschnitten), frisch gemahlener Pfeffer, 100 g Feta (fein zerbröselt), 50–100 g geriebener Parmesan

Zubereitung *ca. 1 Std. und 30 Min.*
Gehzeit *ca. 2 Std.*

1. Hefe mit Zucker und ca. 200 Millilitern lauwarmem Wasser mischen und ca. 5 Minuten ruhen lassen. Eier, 1 Teelöffel Salz, Öl und Mehl zufügen. Mit den Knethaken des Handrührgeräts zu einem glatten Teig verkneten. Teig mit etwas Öl bestreichen und abgedeckt an einem warmen Ort ca. 1 Stunde gehen lassen. Knoblauch schälen und durch die Knoblauchpresse drücken. Butter cremig schlagen und mit Knoblauch, Spinat und Bärlauch mischen. Mit Salz und Pfeffer würzen. Ca. 30 Minuten ruhen lassen.

2. Kastenform mit etwas Kräuterbutter ausstreichen. Teig kräftig kneten und auf einer bemehlten Arbeitsfläche zu einem Rechteck ausrollen. Restliche Kräuterbutter in einem Topf leicht zerlassen und auf dem Teig verteilen. Feta darüberstreuen. Teig der Länge nach in sechs gleich große Teile schneiden und diese übereinanderlegen. Teig nochmals in zwei Hälften teilen und faltenförmig in die gefettete Form schichten. Ca. 30 Minuten ruhen lassen. Backofen auf 220 °C (Umluft: 200 °C) vorheizen.

3. Faltenbrot im vorgeheizten Backofen ca. 10 Minuten backen. Temperatur auf 170 °C (Umluft: 150 °C) reduzieren und weitere ca. 15–25 Minuten backen. Brot mit etwas Öl bestreichen, mit Parmesan bestreuen und ca. 10 Minuten fertig backen.

PULL APART BREAD MIT ZUCCHINI

Zutaten für 1 Kastenform

*7 g Trockenhefe, 1 EL Reismalz,
250 g Dinkelmehl und etwas Mehl für die Arbeitsfläche,
250 g Grießmehl, 30 g Kartoffelpüreeflocken,
50 ml Öl und etwas Fett für die Form, ½ TL Salz,
3 kleine Zucchini, 125 g Mozzarella,
100 g Feta, 3 EL geriebener Hartkäse*

Zubereitung *ca. 1 Std.*
Gehzeit *ca. 5 Std.*

1. Hefe mit 300 Millilitern lauwarmem Wasser in einer Rührschüssel mischen. Malz zugeben und alles verrühren. Ca. 5 Minuten ruhen lassen. Dinkelmehl, Grießmehl, Püreeflocken, Öl und Salz zugeben. Mit den Knethaken des Handrührgeräts zu einem glatten Teig verkneten. Abgedeckt an einem warmen Ort ca. 2–3 Stunden gehen lassen.

2. Zucchini putzen, waschen und grob raspeln. Mozzarella in Scheiben schneiden. Teig kräftig kneten und auf einer bemehlten Arbeitsfläche zu einem ca. 0,5 Zentimeter dicken Rechteck ausrollen. Mit Zucchini und Mozzarella belegen. Feta darüberbröckeln und mit geriebenem Hartkäse bestreuen. Eine Kastenform einfetten.

3. Teig längs in drei Streifen schneiden. Streifen jeweils in drei gleich große Stücke teilen. Quadrate portionsweise zusammenlegen (oberste Schicht mit dem Belag nach unten) und in die gefettete Form schichten. Abgedeckt an einem warmen Ort ca. 2 Stunden gehen lassen. Backofen auf 200 °C (Umluft: 180 °C) vorheizen.

4. Brot im vorgeheizten Backofen ca. 20–25 Minuten backen. Ca. 10 Minuten in der Form abkühlen lassen und warm servieren.

KRÄUTER-PULL-APART-BREAD

Zutaten für 1 Kastenform

400 g Mehl und etwas Mehl für die Arbeitsfläche, 1 TL Zucker, 1 TL Salz, 60 ml Milch, 45 g Butter und etwas Fett für die Form, 1 Würfel Hefe, 2 Knoblauchzehen, 1 Ei, 2 EL fein gehackte Kräuter (z. B. Petersilie, Schnittlauch, Basilikum, Thymian, Rosmarin), 50 g zimmerwarme Kräuterbutter

Zubereitung *ca. 1 Std. und 10 Min.*
Gehzeit *ca. 2 Std.*

1. Mehl, Zucker und Salz in einer Rührschüssel mischen. In die Mitte eine Mulde drücken. Milch mit 120 Millilitern Wasser und Butter in einen Topf geben und bei geringer Temperatur erhitzen. Leicht abkühlen lassen. Flüssigkeit mit Hefe verrühren und in die Mulde gießen. Mit einem Teil des Mehls zu einem dickflüssigen Vorteig verrühren. Abgedeckt an einem warmen Ort ca. 30 Minuten gehen lassen.

2. Knoblauch schälen und fein hacken. Mit Ei und Kräutern vermischen und alles mit dem Teig verkneten. Abgedeckt nochmals ca. 30 Minuten gehen lassen.

3. Teig kräftig kneten und auf einer bemehlten Arbeitsfläche zu einem Rechteck ausrollen. Mit Kräuterbutter bestreichen. Kastenform einfetten. Teig erst in Streifen, dann in 6 x 7 Zentimeter große Rechtecke schneiden. Teigstücke locker nebeneinander in die Form setzen. Abgedeckt an einem warmen Ort ca. 1 Stunde gehen lassen. Backofen auf 200 °C (Umluft: 180 °C) vorheizen.

4. Brot im vorgeheizten Backofen ca. 30 Minuten goldbraun backen. Ca. 10 Minuten in der Form abkühlen lassen und warm servieren.

Pull Apart Bread und Zupfbrot: Basics

Kanapees und belegte Brote waren gestern – der neueste Partytrend heißt Zupfbrot bzw. Pull Apart Bread. Brotbackfans backen das Brot hierfür selbst. Eilige kaufen einfach ein fertiges Brot, schneiden es kreuzweise ein, stecken die Zutaten wie z. B. Kräuter und Käse in die Spalten und lassen das Ganze einige Minuten überbacken. Die Brothäppchen zum Selbstabzupfen sind schnell gemacht und vielfältig variierbar.

Als **fertige Brote** eignen sich z. B. helle, relativ lockere Misch- oder Vollkornbrote. Weniger gut geeignet sich dunkle, kompakte Brote mit einem hohen Roggenanteil.

Das Brot lässt sich ganz nach Geschmack und Ernährungsweise mit **verschiedenen Zutaten** variieren, z. B. Käse Tomaten, Oliven, Kapern, Mais, Schinken, Salami, Speck, Sardellenfilets oder Thunfisch.

Besonders wichtig ist der **Käse**. Er verbindet die restliche Füllung mit dem Brot. Dazu sollte er gut schmelzen und beim Herauszupfen der einzelnen Ecken Fäden ziehen. Geeignet sind z. B. Mozzarella, Feta, Gouda oder Maasdamer.
Damit die Krume schön saftig bleibt und beim Backen nicht trocken wird, sind **flüssige Zutaten** wie z. B. flüssige Butter, Kräuterbutter, Öl etc. hilfreich.
Pesto, **Soßen** (z. B. Tomatensoße, Senf), **Gewürze** und **Kräuter** (z. B. Petersilie, Schnittlauch, Kerbel, Knoblauch) sorgen beim Zupfbrot für die richtige Würze.

MONKEY BREAD MIT KNOBLAUCH UND KÄSE

Zutaten für 1 Gugelhupfform

7 g Trockenhefe, 315 ml lauwarme Milch,
3 TL Salz, 2 EL Olivenöl,
450 g Mehl, 4 Knoblauchzehen,
100 g Butter und etwas Fett für die Form,
geriebener Käse nach Belieben

Zubereitung *ca. 1 Std. und 5 Min.*
Gehzeit *ca. 1 Std. und 30 Min.*

1. Hefe mit Milch in einer Rührschüssel verrühren und ca. 5 Minuten ruhen lassen. Mit 2 Teelöffeln Salz, Öl und Mehl zu einem glatten Teig verkneten. Abgedeckt an einem warmen Ort ca. 1 ½ Stunden gehen lassen.

2. Knoblauch schälen und durch eine Knoblauchpresse drücken. Butter in einem Topf zerlassen und mit restlichem Salz und Knoblauch mischen. Gugelhupfform einfetten. Backofen auf 175 °C (Umluft: 155 °C) vorheizen.

3. Teig zu einer langen Rolle formen und diese in ca. 30 Teile schneiden. Jedes Teil zu einer kleinen Kugel formen. Kugeln in der Butter-Knoblauch-Mischung wälzen und locker in die Form schichten. Oberste Schicht mit Käse bestreuen.

4. Monkey Bread im vorgeheizten Backofen ca. 25–30 Minuten backen. Kurz abkühlen lassen und warm servieren.

PULL APART BREAD MIT BLATTSPINAT UND FETA

Zutaten für 1 Kastenform

90 ml lauwarme Milch, 7 g Trockenhefe, 1 TL Zucker, 50 g zimmerwarme Butter und etwas Fett für die Form, 550 g Mehl und etwas Mehl für die Arbeitsfläche, 2 TL Salz, 40 g entsteinte schwarze Oliven, 70 g in Öl eingelegte getrocknete Tomaten, 30 g Babyspinat, 150–200 g Feta, geriebener Käse nach Belieben

Zubereitung *ca. 1 Std. und 10 Min.* **Gehzeit** *ca. 1 Std. und 20 Min.*

1. Milch mit 200 Millilitern lauwarmem Wasser in einer Rührschüssel mischen. Mit Hefe, Zucker und Butter verrühren. Mehl und Salz zufügen und alles zu einem glatten Teig verkneten. Abgedeckt an einem warmen Ort ca. 1 Stunde gehen lassen.

2. Oliven und Tomaten abtropfen lassen und fein würfeln. Spinat waschen, trocken schütteln und klein schneiden. Teig kräftig kneten und auf einer bemehlten Arbeitsfläche zu einem ca. 0,5 Zentimeter dicken Rechteck ausrollen. Oliven, Tomaten und Spinat auf dem Teig verteilen. Feta darüberbröckeln. Teig in kastenformgroße Rechtecke schneiden. Rechtecke portionsweise so zusammensetzen, dass jeweils die belegte Seite des oberen Rechtecks nach unten weist. Kastenform einfetten. Teig portionsweise in die Form schichten und leicht andrücken. Abgedeckt ca. 20 Minuten gehen lassen. Backofen auf 175 °C (Umluft: 155 °C) vorheizen.

3. Pull Apart Bread im vorgeheizten Backofen ca. 20–25 Minuten backen, mit geriebenem Käse bestreuen und ca. 10 Minuten fertig backen. Warm servieren.

FALTENBROT MIT PAPRIKA-BUTTER

Zutaten für 1 Kastenform (ca. 12 Stücke)

1 Bund Petersilie, 100 g Butter und etwas Fett für die Form, 15 g in Öl eingelegte Sardellenfilets, 1–2 TL grobes Meersalz und 1 ½ TL feines Salz, 1 Glas geröstete rote Paprikaschoten (à 370 ml), 400 g Mehl und etwas Mehl für die Arbeitsfläche, 1 Pck. Backpulver, 80 ml Milch, 80 ml Öl, 200 g Quark, 1 EL Zucker, 1 Ei

Zubereitung *ca. 1 Std und 30 Min.* **Ruhezeit** *ca. 45 Min.*

1. Petersilie waschen, trocken schütteln und Blättchen fein hacken. Butter in einem Topf zerlassen. Sardellen abtropfen lassen und fein hacken. Petersilie, Sardellen und Meersalz mit zerlassener Butter mischen. Abkühlen lassen. Paprikaschoten über einem Sieb abgießen und abtropfen lassen. In Streifen schneiden.

2. Mehl mit Backpulver, Milch, Öl, Quark, Zucker, feinem Salz und Ei in eine Rührschüssel geben und mit den Knethaken des Handrührgeräts zu einem glatten Teig verkneten. Kastenform einfetten. Backofen auf 200 °C (Umluft: 180 °C) vorheizen.

3. Teig auf einer bemehlten Arbeitsfläche zu einer ca. 50 Zentimeter langen Rolle formen. Zu einem Rechteck von ca. 26 x 70 Zentimetern ausrollen. Teig gleichmäßig mit Sardellen-Petersilien-Butter bestreichen und mit Paprika belegen. In sieben gleich große Streifen von ca. 10 x 26 Zentimetern schneiden. Jeden Streifen z-förmig zu einer Größe von ca. 8 x 10 Zentimetern zusammenfalten. Die belegte Seite zeigt dabei nach oben.

4. Teigstreifen übereinander in die gefettete Form schichten. Im vorgeheizten Backofen auf der untersten Schiene ca. 30 Minuten backen, mit Alufolie abdecken und ca. 30 Minuten fertig backen. Brot aus dem Ofen nehmen. Ca. 45 Minuten abkühlen lassen und vorsichtig aus der Form stürzen.

SCHINKEN-KÄSE-ZUPFBROT VOM GRILL

Zutaten für 1 Brot

1 rundes Sauerteigbrot (fertig gekauft oder nach Rezept auf S. 50 f.), 3 Scheiben Käse, 3 Scheiben Schinken, 2 EL gehackte Kräuter nach Belieben (z. B. Petersilie, Schnittlauch) und etwas Petersilie zum Garnieren

Zubereitung *ca. 40 Min.*

1. Grill vorbereiten. Brot auf der Oberseite längs und quer bis wenige Zentimeter über dem Brotboden einschneiden, sodass kleine mundgerechte Quadrate entstehen. Käse und Schinken in kleine Würfel schneiden und in die Lücken füllen. Brot mit gehackten Kräutern bestreuen.

2. Schinken-Käse-Zupfbrot ca. 20–30 Minuten indirekt bei 160–180 °C grillen. Mit Petersilie bestreuen und warm servieren.

Tipp Bevor Sie das Brot auf dem Grill oder im Ofen überbacken, sollten Sie es in eine Ofenform mit Rost setzen. Denn wenn der Käse bei der Zubereitung schmilzt, kann er aus dem Brot herauslaufen und den Grill oder Backofen verschmutzen. Das Brot lässt sich nach Herzenslust variieren, z. B. mit Frühlingszwiebeln, gerösteten Chilischoten oder Bärlauch, Salami und Pizzasoße oder mit getrockneten Tomaten, die mit saurer Sahne püriert und gewürzt werden.

PESTO-BLUMENBROT

Zutaten für 1 Springform

7 g Trockenhefe, ½ TL Zucker, 2 ½ TL Salz, 600 g Mehl und etwas Mehl für die Arbeitsfläche, 150 ml Olivenöl und etwas Fett für die Form, 100 g Pinienkerne, 1 Knoblauchzehe, 100 g Basilikum, 100 g geriebener Parmesan

Zubereitung *ca. 1 Std. und 10 Min.* **Gehzeit** *ca. 30 Min.*

1. Hefe mit 300 Millilitern lauwarmem Wasser mischen. Zucker, 2 Teelöffel Salz, Mehl und 50 Milliliter Öl zugeben und alles zu einem glatten Teig verkneten. Teig abgedeckt an einem warmen Ort ca. 30 Minuten gehen lassen.

2. Pinienkerne in einer Pfanne ohne Fettzugabe goldbraun anrösten. Abkühlen lassen. Knoblauch schälen und grob hacken. Basilikum waschen, trocken schütteln und Blättchen abzupfen. Pinienkerne und Knoblauch im Mixer zerkleinern. Parmesan zugeben und weitermixen. Basilikum und restliches Salz zufügen und zu einem cremigen Pesto mixen.

3. Springform einfetten. Teig in drei gleich große Stücke teilen. Jedes Stück in der Größe der Springform auf einer bemehlten Arbeitsfläche ca. 2–4 Zentimeter dick ausrollen. Den untersten Teigkreis dick mit Pesto bestreichen. Den zweiten Teigkreis darauflegen und ebenfalls dick mit Pesto bestreichen. Mit dem dritten Teigkreis abschließen. Backofen auf 190 °C (Umluft: 170 °C) vorheizen.

4. Mit einem Tortenheber 16 Stücke „anzeichnen", sodass in der Mitte ein Kreis stehen bleibt. Alle Stücke vom Kreis weglaufend einschneiden. Jeweils zwei nebeneinanderliegende Stücke in entgegengesetzter Richtung zweimal eindrehen. Mit den restlichen Stücken ebenso verfahren, sodass das Faltenbrot einer Blume ähnelt. Pesto-Blumenbrot im vorgeheizten Backofen ca. 20 Minuten goldbraun backen.

SÜSSKARTOFFEL-FETA-MONKEY-BREAD

Zutaten für 1 Gugelhupfform

280 g Süßkartoffeln (geschält und gekocht), 10 g frische Hefe, 130 ml lauwarme Milch, 1 EL Honig, 4 Knoblauchzehen, 440 g Mehl, 1 ½ TL Salz, frisch gemahlener Pfeffer, 4 EL fein gehackte Petersilie, 160 g zimmerwarme Butter und etwas Fett für die Form, 150 g Feta, 1 Bund Frühlingszwiebeln

Zubereitung *ca. 1 Std. und 15 Min.* **Gehzeit** *ca. 2 Std. und 50 Min.*

1. Süßkartoffeln pürieren. Hefe und Honig in Milch auflösen und verrühren. Abgedeckt ca. 10 Minuten ruhen lassen. Knoblauch schälen und fein hacken. Mehl, ½ Teelöffel Salz, Pfeffer, Hälfte des Knoblauchs, 2 Esslöffel Petersilie sowie 60 Gramm Butter, Püree und Milch-Hefe-Mischung mit den Knethaken des Handrührgeräts verkneten. Abgedeckt an einem warmen Ort ca. 2 Stunden gehen lassen.

2. Restliche Butter zerlassen. Mit restlichem Knoblauch, Petersilie und Salz mischen. Feta fein würfeln. Frühlingszwiebeln waschen und in dünne Röllchen schneiden. Form einfetten.

3. Teig kräftig kneten und kleine Stücke abzupfen. Teigstücke platt drücken und in die Mitte 1–2 Fetawürfel setzen. Zu kleinen Bällen formen, in Gewürzbutter wälzen und in die Form schichten. Mit Frühlingszwiebeln bestreuen. Abgedeckt ca. 40 Minuten ruhen lassen. Backofen auf 200 °C (Umluft: 180 °C) vorheizen. Monkey Bread mit Alufolie bedeckt im vorgeheizten Backofen ca. 20 Minuten backen. Alufolie entfernen und ca. 10 Minuten goldbraun backen.

VEGANES PULL APART BREAD MIT TOMATEN

Zutaten für 1 Kastenform

350 g Mehl und etwas Mehl für die Arbeitsfläche, 1 EL Seitanpulver, 1 TL Salz, ½ Würfel Hefe, 1 TL Zucker, 1 EL Olivenöl und etwas Fett für die Form, 200 ml kohlensäurehaltiges Wasser, 2 Knoblauchzehen, 3 EL pflanzliche Margarine (zerlassen), 1 TL getrocknete Basilikumblätter, 1 TL getrocknete Petersilienblätter, 1 TL getrocknete Thymianblätter, 100 g veganer geriebener Käse, 3 EL Sojasahne, 4 Cocktailtomaten

Zubereitung *ca. 1 Std. und 25 Min.*
Gehzeit *ca. 1 Std. und 30 Min.*

1. Mehl in eine Rührschüssel sieben und mit Seitanpulver und Salz mischen. In die Mitte eine Mulde drücken. Hefe hineinbröseln und Zucker zugeben. Ca. 4 Esslöffel lauwarmes Wasser beimengen und ca. 10 Minuten ruhen lassen.

2. Olivenöl zufügen und nach und nach kohlensäurehaltiges Wasser zugeben. Alles zu einem glatten Teig verkneten. Teig abgedeckt an einem warmen Ort ca. 1 Stunde gehen lassen.

3. Kastenform (ca. 23 Zentimeter) einfetten. Knoblauch schälen und fein hacken. Pflanzliche Margarine mit Knoblauch und getrockneten Kräutern verrühren. Teig kräftig kneten und auf einer bemehlten Arbeitsfläche zu einem ca. 1 Zentimeter dicken Rechteck ausrollen. Teig in kastenformgroße Rechtecke schneiden. Rechtecke mit Margarine-Knoblauch-Mischung bestreichen und aufrecht in die gefettete Kastenform schichten. Abgedeckt weitere ca. 20 Minuten gehen lassen. Backofen auf 180°C (Umluft: 160 °C) vorheizen.

4. Käse mit Sojasahne verrühren. Tomaten waschen, vom Stielansatz befreien und grob würfeln. Tomaten und Käse-Sahne-Mischung über das Brot geben. Pull Apart Bread im vorgeheizten Backofen ca. 40 Minuten backen.

Brote für die Grillparty

FOCACCIA MIT BASILIKUMCREME

Zutaten für 1 Brot

260 g Mehl, Salz, ½ Würfel Hefe, 75 ml Milch, 100 g Butter (z. B. von Du darfst), 30 g getrocknete Tomaten, 3 Stängel Thymian, 150 g saure Sahne, 150 g Magerquark, 3 Stängel Basilikum, frisch gemahlener Pfeffer, 2–3 EL Limonensaft, 15 g Pistazien (gehackt), 1 TL Öl

Zubereitung *ca. 1 Std. und 15 Min.*
Gehzeit *ca. 1 Std. und 30 Min.*

1. Mehl und ½ Teelöffel Salz in einer Schüssel mischen, in die Mitte eine Mulde drücken. Hefe zerbröseln, in lauwarmer Milch auflösen und mit der Butter in die Mulde geben. Mit den Knethaken des Handrührgeräts zu einem glatten Teig verkneten. Abgedeckt an einem warmen Ort ca. 1 Stunde gehen lassen.

2. Tomaten fein hacken. Thymian waschen, trocken schütteln und Blättchen abzupfen. Saure Sahne und Quark verrühren. Basilikum waschen, trocken schütteln, Blättchen abzupfen, fein schneiden, zugeben und mit dem Stabmixer fein pürieren. Mit Salz, Pfeffer und Limonensaft abschmecken.

3. Teig kurz durchkneten, dabei Tomaten, Pistazien und Thymian untermischen. Teig zu einem ovalen Fladen von ca. 20 x 30 Zentimeter sowie ca. 2 Zentimeter Dicke ausrollen. Auf ein mit Backpapier ausgelegtes Backblech legen und, mit einem Tuch abgedeckt, ca. 30 Minuten gehen lassen. Backofen auf 200 °C (Umluft: 180 °C) vorheizen.

4. Mit Zeige- und Mittelfinger Vertiefungen in den Teig drücken. Mit Öl bestreichen. Im vorgeheizten Backofen ca. 20–25 Minuten backen. Herausnehmen und auf einem Kuchengitter auskühlen lassen. Mit der Basilikumcreme zusammen servieren.

STOCKBROT MIT WÜRSTCHEN

Zutaten für 12 Stockbrote

300 g Mehl und etwas Mehl für die Arbeitsfläche,
2 TL Backpulver, 1 TL Salz,
50 g zimmerwarme Margarine (z. B. Sanella),
150 g Joghurt (1,5 % Fett),
50 g Tomatenketchup (z. B. von Knorr),
6 Rostbratwürste (à ca. 60 g), 12 Holzspieße

Zubereitung *ca. 30 Min.*

1. Grill vorbereiten. Mehl, Backpulver und Salz mischen. Margarine, Joghurt und Tomatenketchup zufügen und alles mit den Knethaken des Handrührgeräts und mit den Händen zu einem glatten Teig verarbeiten.

2. Bratwürste in 36 Stücke schneiden. Je drei mit etwas Abstand auf Holzspieße stecken. Teig auf einer bemehlten Arbeitsfläche ausrollen und senkrecht in zwölf Streifen schneiden.

3. Jeden Streifen auf einen Spieß stecken und zwischen den Würstchenstücken spiralförmig um den Spieß wickeln. Am unteren Spießende erneut aufspießen. Stockbrot am Rand des heißen Grills unter Wenden ca. 8–10 Minuten grillen. Dazu passt Tomatenketchup.

Tipp Auch Kinder und Jugendliche lieben Partybrote: Ein Kindergeburtstag, auf dem die Kleinen herzhaft bei einem süßen Affenbrot zugreifen können, oder eine Teenie-Party, bei der die Jugendlichen in gemütlicher Runde ihr eigenes Stockbrot über dem Lagerfeuer zubereiten dürfen, sorgt nicht nur für gute Laune, sondern bleibt auch im Gedächtnis.

NAAN (INDISCHES FLADENBROT)

Zutaten für ca. 6 Fladenbrote

100 ml lauwarme Milch, 1 TL Trockenhefe,
½ TL Zucker, 250 g Mehl und etwas Mehl für die Arbeitsfläche,
100 g Naturjoghurt, ½ TL Salz,
½ TL Backpulver, etwas flüssige Butter oder Ghee (geklärte Butter),
Schwarzkümmel nach Belieben

Zubereitung *ca. 40 Min.*
Gehzeit *ca. 1 Std. und 10 Min.*

1. Milch in eine Schüssel geben und mit Hefe und Zucker verrühren. Mehl in eine Rührschüssel sieben und in die Mitte eine Mulde drücken. Hefemilch in die Mulde gießen. Mit einem Teil des Mehls zu einem dickflüssigen Vorteig verrühren. Abgedeckt an einem warmen Ort ca. 10 Minuten gehen lassen.

2. Joghurt, Salz und Backpulver zum Vorteig geben. Mit den Knethaken des Handrührgeräts zu einem glatten Teig verkneten. Teig abgedeckt an einem warmen Ort ca. 1 Stunde gehen lassen.

3. Teig kräftig kneten und in sechs gleich große Stücke teilen. Jedes Stück zu einer Kugel formen. Kugeln auf einer bemehlten Arbeitsfläche zu Fladen ausrollen.

4. Eine beschichtete Pfanne ohne Fettzugabe erhitzen und einen Fladen hineingeben. Sobald er Blasen wirft, wenden und von der anderen Seite backen. Mit den restlichen Fladen ebenso verfahren. Zum Servieren etwas flüssige Butter oder Ghee über die Brote träufeln und nach Belieben mit Schwarzkümmel bestreuen.

Grundzutaten für perfekte Partybrote

Partybrotrezepte gibt es viele – entsprechend vielfältig sind auch die Zutaten. Einige Grundzutaten wie Mehl, Triebmittel, Wasser oder Milch und Salz oder Zucker finden sich jedoch regelmäßig in Brotbackrezepten. Mehl ist ein Hauptbestandteil von Brot. Unterschieden wird je nach Ausmahlungsgrad in Typen. Je niedriger die Zahl ist, desto heller und feiner ist das Mehl. Dunkles Mehl mit einer hohen Typenzahl ist hingegen nährstoffreicher und kräftiger im Geschmack. Bei Vollkornmehlen gibt es keine Typenbezeichnung. Unter den Backtriebmitteln, die dafür sorgen, dass der Teig aufgeht, kommen Hefe, Sauerteig und Backpulver infrage. Je nach Art des Brots können noch weitere Zutaten wie z. B. Butter oder Eier, Gewürze, Körner und Saaten hinzukommen.

Weizen- und Dinkelmehl verwendet man meist für helle, weiche und süße Brote, Vollkornmehl vor allem für dunkles, saftiges, säuerliches Brot.

Bei der zugegebenen **Flüssigkeit** handelt es sich meist um Wasser, für Abwechslung können Milchprodukte, Bier, Wein oder Säfte sorgen.

Hefe gibt es in Würfel- oder in Pulverform. Ein Päckchen Trockenhefe à 7 Gramm entspricht einem halben Würfel frischer Hefe mit 42 Gramm.

Sauerteig hat ein kräftiges, leicht säuerliches Aroma. Man kann ihn selbst herstellen oder in flüssiger bzw. getrockneter Form kaufen.

Salz gibt Broten Geschmack. Abwechslung bringen **Gewürze** wie z. B. Kümmel, Koriander oder Anis. Sie sind auch in Brotgewürzmischungen enthalten.

Butter, **Margarine** oder **Öl** schützen das Brot vor dem Austrocknen und machen es saftig. **Körner** und **Nüsse** sorgen für das knackige Extra.

QUESADILLAS

Zutaten für 8 Quesadillas

250 g Mehl und etwas Mehl für die Arbeitsfläche, Salz, 1 TL Backpulver, 6 EL Öl, 2 rote Paprikaschoten, 4 gewürfelte Tomaten, 2 fein gehackte Zwiebeln, Saft von 3 Limetten, 4 EL fein gehackter Koriander, 1 fein gehackte Jalapeño, frisch gemahlener Pfeffer, 4 Hähnchenbrustfilets in Streifen, 3 fein gehackte Knoblauchzehen, 240 g geriebener Käse, gehackte Kräuter und Balsamico zum Garnieren

Zubereitung *ca. 1 Std. und 10 Min.* **Gehzeit** *ca. 30 Min.*

1. Mehl, 1 Teelöffel Salz, Backpulver, 4 Esslöffel Öl und 150 Milliliter lauwarmes Wasser verkneten. Abgedeckt an einem warmen Ort ca. 30 Minuten gehen lassen. In acht gleich große Stücke teilen. Auf einer bemehlten Arbeitsfläche zu dünnen Fladen ausrollen. Etwas Öl in einer Pfanne erhitzen und Tortillas darin von beiden Seiten backen. Paprikaschoten waschen, entkernen und in Streifen schneiden.

2. Tomaten, drei Viertel der Zwiebeln, Limettensaft, Koriander und Jalapeño mischen, salzen und pfeffern. 1 Esslöffel Öl in einer Pfanne erhitzen und darin Hähnchenbrust von allen Seiten braten. Herausnehmen und beiseitestellen.

3. Restliches Öl in die Pfanne geben, übrige Zwiebeln und Paprika darin weich dünsten. Knoblauch zugeben und mitbraten. Hälfte der Tomatenmischung und Hähnchenbrust unterrühren. Beiseitestellen und warmhalten.

4. Tortilla in einer beschichteten Pfanne ohne Fett mit etwas Käse bestreuen, etwas Hähnchen-Mischung, eine Schicht Käse und weitere Tortilla daraufgeben. Von beiden Seiten backen, bis der Käse geschmolzen ist. Mit den restlichen Tortillas ebenso verfahren. Quesadillas in Dreiecke schneiden. Mit Kräutern und Balsamico garnieren und mit restlicher Tomatenmischung servieren.

ORIENTALISCHES FLADENBROT

Zutaten für ca. 6–8 Fladenbrote

7 g Trockenhefe, ½ TL Zucker,
450 g Mehl und etwas Mehl für die Arbeitsfläche,
½ TL Salz, 2–3 EL Olivenöl,
3–4 EL Za'atar (marokkanische Gewürzmischung)

Zubereitung *ca. 35 Min.*
Gehzeit *ca. 2 Std.*

1. Hefe und Zucker in 300 Millilitern lauwarmem Wasser auflösen. Ca. 5 Minuten ruhen lassen. Mehl in eine Rührschüssel sieben und Salz zugeben. Hefewasser zugeben und alles zu einem glatten Teig verkneten. Teig abgedeckt an einem warmen Ort ca. 2 Stunden gehen lassen.

2. Backofen auf 200 °C (Umluft: 180 °C) vorheizen. Backblech mit Backpapier auslegen. Olivenöl mit Za'atar verrühren.

3. Teig kräftig kneten und in sechs bis acht Portionen teilen. Zu runden Kugeln formen. Jede Kugel auf einer bemehlten Arbeitsfläche flach ausrollen.

4. Fladenbrote auf das Backblech legen und mit Öl-Za'atar-Mischung bestreichen. Im vorgeheizten Backofen ca. 10–15 Minuten backen. Lauwarm servieren. Dazu passt ein Tahini-Joghurt-Dip.

Tipp Bei Salz, Zucker oder anderen Gewürzen sollten Sie sich genau an die Mengenangaben halten. Weniger ist jedoch manchmal mehr. Und ein Partybrot, bei dem vielleicht etwas Salz fehlt, lässt sich zur Not hervorragend mit einem würzigen Dip kombinieren. Entscheidend ist letztendlich nur Ihr eigener Geschmack.

KÄSE-FLADENBROT

Zutaten für ca. 4 Portionen

150 g Käse (z. B. Maasdamer), 50 g entsteinte grüne Oliven, 300 g Mehl und etwas Mehl für die Arbeitsfläche, 100 g Joghurt, 100 ml lauwarme Milch, ½ Würfel Hefe, ½ TL Salz, ¼ TL Rosmarin, 30 g in Öl eingelegte getrocknete Tomaten, 1 Knoblauchzehe, 1 TL Tomatenmark, 100 g zimmerwarme Butter, frisch gemahlener Pfeffer

Zubereitung *ca. 1 Std.* **Gehzeit** *ca. 45 Min.*

1. Käse reiben und Oliven fein würfeln. Mehl in eine Rührschüssel sieben und mit Joghurt, Milch, Hefe, Salz, Rosmarin und 100 Gramm Käse zu einem Teig verkneten. Teig abgedeckt an einem warmen Ort ca. 45 Minuten gehen lassen. Backofen auf 200 °C (Umluft: 180 °C) vorheizen. Backblech mit Backpapier auslegen.

2. Teig nochmals kräftig kneten und auf einer bemehlten Arbeitsfläche zu Fladen (ca. 10 Zentimeter Durchmesser) ausrollen. Fladen auf das Backblech legen und mit restlichem Käse bestreuen. Fladenbrot im vorgeheizten Backofen ca. 20–30 Minuten goldbraun backen.

3. Tomaten würfeln. Knoblauchzehe schälen und fein hacken. Tomaten und Knoblauch mit Tomatenmark und Butter verrühren. Mit Salz und Pfeffer abschmecken. Warmes Fladenbrot mit Tomatenbutter servieren.

SPINAT-FLADENBROT

Zutaten für 6–8 Fladenbrote

200 g Babyspinat, 4 TL Öl und etwas Öl zum Bestreichen, 400 g Mehl und etwas Mehl für die Arbeitsfläche, 1 TL Salz, 200 g Panir (indischer Frischkäse), 2 TL fein gehackte Korianderblätter, ½ TL Garam masala (indische Gewürzmischung)

Zubereitung *ca. 50 Min.* **Gehzeit** *ca. 30 Min.*

1. Spinat waschen und trocken schütteln. Ausreichend Wasser in einem Topf zum Kochen bringen. Eine Schüssel mit kaltem Wasser und Eiswürfeln bereitstellen. Babyspinat portionsweise ins kochende Wasser geben, einige Sekunden köcheln lassen und mit einer Kelle aus dem Wasser heben. Sofort in die Schüssel mit Eiswasser geben. Spinat über einem Sieb abtropfen lassen und gut ausdrücken.

2. Spinat mit Öl im Standmixer pürieren, eventuell etwas Wasser zugeben. Pürierten Spinat in eine Rührschüssel geben. Mehl und Salz zufügen. Mit wenig Wasser zu einem glatten Teig verkneten. Teig in Folie wickeln und ca. 30 Minuten ruhen lassen.

3. Panir zerbröseln und mit Korianderblättern und Garam masala vermischen. Teig kräftig kneten und in ca. 12 bis 16 Stücke teilen. Jeweils zwei Stücke auf einer bemehlten Arbeitsfläche zu kreisrunden Fladen (ca. 10–12 Zentimeter Durchmesser) ausrollen. Auf einem Fladen etwas Panir-Füllung verteilen. Den zweiten Fladen obenauf legen und an den Rändern gut zusammendrücken. Auf einer bemehlten Arbeitsfläche zu einem Fladen von ca. 20–22 Zentimetern Durchmesser ausrollen.

4. Eine beschichtete Pfanne ohne Fettzugabe erhitzen. Einen Fladen in die heiße Pfanne geben und nach ca. 30 Sekunden wenden. Oberfläche mit etwas Öl bestreichen. Nach ca. 30 Sekunden wenden und Oberfläche wieder mit etwas Öl bestreichen. Von beiden Seiten so lange backen, bis sie leicht gebräunt sind. Fladen in Alufolie warm halten. Mit den restlichen Fladen ebenso verfahren. Spinat-Fladenbrote warm servieren.

WÜRZIGES STOCKBROT ALL'ITALIANA

Zutaten für 6 Stockbrote

300 ml lauwarme Milch, 7 g Trockenhefe, 1 EL Zucker, 1 Knoblauchzehe, 4 Stängel Thymian, 1 Stängel Oregano, 1 Handvoll Basilikum, 8 Cocktailtomaten, 100 g Hartkäse (z. B. Emmentaler), 70 g Schinken, 400 g Mehl, ½ TL Salz, frisch gemahlener Pfeffer, 6 Holzspieße, etwas Öl für den Grillrost, Kräuterbutter nach Belieben

Zubereitung *ca. 30 Min.*
Gehzeit *ca. 1 Std.*

1. Milch mit Hefe und Zucker verrühren. Ca. 5 Minuten ruhen lassen. Knoblauch schälen und fein hacken. Kräuter waschen, trocken schütteln, Blättchen bzw. Nadeln abzupfen und ebenfalls fein hacken. Tomaten waschen, halbieren, vom Stielansatz befreien und würfeln. Käse fein reiben. Schinken fein würfeln.

2. Mehl mit Salz, Pfeffer, Knoblauch und Kräutern mischen. Mit Hefemilch zu einem homogenen Teig verkneten. Abgedeckt an einem warmen Ort ca. 1 Stunde gehen lassen. Grill vorbereiten.

3. Teig in sechs gleich große Stücke teilen. Schinken, Käse und Tomaten gleichmäßig darauf verteilen. Jeweils ein Teigstück zu einem 2 Zentimeter dicken Strang rollen und spiralförmig um den Spieß wickeln. Stockbrot einige Minuten unter mehrmaligem Drehen auf dem geölten Grillrost rösten. Nach Belieben noch warm mit Kräuterbutter bestreichen.

SCHWEDISCHES PARTYBROT

Zutaten für ca. 25 Stück

250 ml Milch und etwas Milch zum Bestreichen,
75 ml Olivenöl und etwas Fett für die Form,
25 g frische Hefe, 150 g geriebener Käse,
2 TL Oregano, ½ TL Rosmarin, ¾ TL Salz,
700 g Mehl und etwas Mehl für die Arbeitsfläche

Zubereitung *ca. 1 Std.*
Gehzeit *ca. 1 Std.*

1. Milch und Öl auf ca. 37 °C erwärmen. In eine Rührschüssel gießen und Hefe unterrühren. Etwas Käse, Oregano und Rosmarin zum Bestreuen beiseitestellen. Restlichen Käse mit übrigen Kräutern und Salz zufügen und unterrühren. Mehl ebenfalls zufügen und alles zu einem glatten Teig verkneten. Teig abgedeckt an einem warmen Ort ca. 30 Minuten gehen lassen, bis sich das Volumen verdoppelt hat.

2. Teig kräftig kneten und auf einer bemehlten Arbeitsfläche zu einer Rolle formen. Aus der Rolle ca. 25 gleich große Kugeln formen. Eine feuerfeste runde Form einfetten und Teigkugeln darin aneinanderschichten. Weitere ca. 30 Minuten gehen lassen, bis sich das Teigvolumen verdoppelt hat. Backofen auf 200 °C (Umluft: 180 °C) vorheizen.

3. Teigkugeln mit Milch bestreichen und mit beseitegestelltem Käse und Kräutern bestreuen. Im vorgeheizten Backofen ca. 35 Minuten backen.

STOCKBROT MIT PARMASCHINKEN

Zutaten für 8 Stockbrote

120 ml Öl und etwas Öl für den Grillrost, 300 g Quark, 60 ml Milch, 2 Eier, 600 g Mehl und etwas Mehl für die Arbeitsfläche, 1 Pck. Backpulver, ½ TL Salz, 2 Scheiben Parmaschinken, 2 in Öl eingelegte getrocknete Tomaten, 40 g geriebener Parmesan, frisch gemahlener Pfeffer, 8 Holzspieße

Zubereitung *ca. 40 Min.*

1. Grillrost ölen und Grill vorbereiten. Quark und Milch in eine Rührschüssel geben. Mit Öl, Eiern, Mehl, Backpulver und Salz zu einem glatten Teig verkneten. Schinken und Tomaten fein würfeln, mit Parmesan mischen und mit Pfeffer abschmecken.

2. Teig in acht gleich große Portionen teilen. Auf einer bemehlten Arbeitsfläche zu Rechtecken von ca. 15 x 30 Zentimetern ausrollen. Füllung gleichmäßig darauf verteilen. Dabei einen kleinen Rand lassen.

3. Teigrechtecke eng aufrollen und spiralförmig um die Spieße wickeln. Gut andrücken. Stockbrot auf dem heißen Grill unter Wenden ca. 15 Minuten goldbraun grillen.

KARTOFFEL-FLADENBROT

Zutaten für 8 Fladenbrote

600 g Kartoffeln (geschält und gekocht),
200 g Mehl und etwas Mehl zum Bestäuben,
2 große Eier, 2 Prisen Salz, etwas frisch geriebener Muskat,
etwas zerlassene Butter zum Servieren

Zubereitung *ca. 30 Min.*

1. Backofen auf 220 °C (Umluft: 200 °C) vorheizen. Backblech mit Backpapier auslegen. Abgekühlte Kartoffeln mit dem Stabmixer pürieren und mit Mehl und Eiern zu einem geschmeidigen Teig verkneten. Mit Salz und Muskat würzen.

2. In acht Portionen teilen und zu ca. 1 Zentimeter dicken Fladen formen. Mehrmals mit einer Gabel einstechen.

3. Kartoffelfladenbrote mit etwas Mehl bestäuben, aufs Backblech setzen und im vorgeheizten Backofen ca. 15 Minuten goldbraun backen. Noch warm mit geschmolzener Butter servieren.

Tipp Dieses finnische Kartoffelfladenbrot, Rieska genannt, wird traditionell zu Weihnachten gebacken und ist ideal, wenn man bei der Partyvorbereitung wenig Zeit hat. Es ist schnell gemacht und kommt ohne Ruhezeit aus. Es passt z. B. bestens zu einem leckeren Aufstrich, Frischkäse, Räucherlachs und Dill, Prosciutto, Putenbrust oder Eiersalat. Statt Weizenmehl kann man auch Dinkel- oder Roggenmehl verwenden.

Herzhafte Kleinigkeiten

KRÄUTERBROT IM BLUMENTÖPFCHEN

Zutaten für 5 Portionen

7 g Trockenhefe, 500 g dunkles Mehl und etwas Mehl für die Arbeitsfläche, 1 ½ TL Salz, 2 EL gehackte Kräuter nach Belieben (z. B. Schnittlauch, Basilikum, Thymian)

Zubereitung *ca. 1 Std.*

Geh- und Ruhezeit *ca. 1. Std. und 35 Min.*

1. Fünf Tontöpfe (ca. 9 Zentimeter Durchmesser) ca. 5 Minuten in kaltem Wasser wässern. Töpfe abtrocknen und mit Papierbackförmchen oder Backpapier auslegen.

2. Hefe mit ca. 350 Millilitern lauwarmem Wasser mischen und ca. 5 Minuten ruhen lassen. Mehl, Salz und Kräuter in eine Rührschüssel geben. Hefewasser zufügen und alles mit den Knethaken des Handrührgeräts zu einem glatten Teig verkneten. Abgedeckt an einem warmen Ort ca. 1 Stunde gehen lassen.

3. Teig kräftig kneten und auf einer bemehlten Arbeitsfläche zu fünf Kugeln formen. Kugeln in die Tontöpfe legen. Ca. 30 Minuten gehen lassen. Backofen auf 220 °C (Umluft: 200 °C) vorheizen.

4. Tontöpfe in den vorgeheizten Backofen auf die unterste Schiene stellen und Kräuterbrot ca. 30–40 Minuten backen (Klopfprobe machen: Von unten gegen den Topf klopfen. Klingt es hohl, ist das Brot fertig).

SCHNITTLAUCH-TOMATEN-MUFFINS

Zutaten für 12 Stück

18 Datteltomaten, ½ Bund Schnittlauch, 12 Scheiben Schinken, 250 g Magerquark, 60 g Frischkäse, 75 ml Milch, 80 ml Olivenöl und etwas Fett für das Muffinblech, 2 Eier, 250 g Mehl, 2 TL Backpulver, 100 g geriebener Käse, Salz, frisch gemahlener Pfeffer

Zubereitung *ca. 50 Min.*

1. Tomaten waschen, vom Stielansatz befreien und klein würfeln. Schnittlauch waschen, trocken schütteln und in Ringe schneiden. Schinken fein würfeln.

2. Quark, Frischkäse, Milch, Olivenöl und Eier in einer Schüssel mischen. Mehl und Backpulver zufügen und alles vermischen. 60 Gramm Käse und Schnittlauch zufügen und alles gut verrühren. Mit Salz und Pfeffer würzen. Backofen auf 200 °C (Umluft: 180 °C) vorheizen. Mulden eines Muffinblechs einfetten. Teig mit Tomaten- und Schinkenwürfeln mischen.

3. Mulden des Muffinblechs mit dem Teig füllen und mit restlichem Käse bestreuen. Im vorgeheizten Backofen ca. 25–30 Minuten backen.

Tipp Wenn Sie ein Partybrot für unterwegs mitnehmen möchten, sollten Sie bedenken, dass einige Rezepte sich hierfür deutlich besser eignen als andere: Während Pide mit Schafskäse oder ein Schinken-Käse-Zupfbrot vom Grill am besten warm genossen werden, gibt es viele Varianten, die kalt fast noch besser schmecken. So können beispielsweise Schnittlauch-Tomaten-Muffins oder Knoblauchbrötchen hervorragend mitgenommen und auch kalt verzehrt werden.

PIZZA-SCHNECKEN

Zutaten für ca. 24 Stück

250 g Mehl und etwas Mehl für die Arbeitsfläche, 75 ml lauwarme Milch, ½ Würfel Hefe, 1 TL Zucker, ½ TL Salz, ½ TL getrockneter Oregano, 1 EL Öl, ½ Paprikaschote, 3 EL Tomatenmark, 200 g Kochschinken in Scheiben, 150 g Kräuter-Crème-fraîche, 200 g geriebener Käse

Zubereitung *ca. 50 Min.*
Gehzeit *ca. 50 Min.*

1. Mehl in eine Rührschüssel sieben und in die Mitte eine Mulde drücken. Milch und 75 Milliliter lauwarmes Wasser mischen. Hefe hineinbröckeln und zusammen mit Zucker in der Flüssigkeit auflösen. Hefemilch in die Mehlmulde gießen. Mit einem Teil des Mehls zu einem dickflüssigen Vorteig verrühren. Abgedeckt an einem warmen Ort ca. 10 Minuten gehen lassen. Salz, Oregano und Öl zufügen und mit den Knethaken des Handrührgeräts zu einem glatten Teig verkneten. Abgedeckt an einem warmen Ort ca. 30 Minuten gehen lassen. Paprika waschen, entkernen und klein schneiden.

2. Teig kräftig kneten und auf einer bemehlten Arbeitsfläche zu einem Rechteck von 35 x 40 Zentimetern ausrollen. Längs halbieren. Jede Teigplatte mit Tomatenmark bestreichen und mit Schinkenscheiben und Paprika belegen. Kräuter-Crème-fraîche darauf verstreichen und mit Käse bestreuen. Jede Teigplatte der Länge nach aufrollen und Rollen in jeweils 12 Scheiben schneiden. Backofen auf 200 °C (Umluft: 180 °C) vorheizen. Backblech mit Backpapier auslegen.

3. Pizzaschnecken auf das Backblech legen und ca. 10 Minuten gehen lassen. Im vorgeheizten Backofen ca. 20 Minuten backen. Warm servieren.

MEDITERRANE PULL-APART-MUFFINS

Zutaten für 12 Stück

90 ml Milch, 7 g Trockenhefe, 1 TL Zucker, 50 g zimmerwarme Butter und etwas Fett für das Muffinblech, 550 g Mehl und etwas Mehl für die Arbeitsfläche, 2 TL Salz, 50 g Ziegenkäse, 75 g Parmesan, 70 g entsteinte Oliven, 100 g in Öl eingelegte getrocknete Tomaten, 40 g gehackte Kräuter (z. B. Oregano, Basilikum, Petersilie), 3 Knoblauchzehen

Zubereitung *ca. 50 Min.* **Gehzeit** *ca. 1 Std. und 30 Min.*

1. Milch mit 200 Millilitern Wasser in einem Topf kurz lauwarm erhitzen. Hefe, Zucker und Butter zugeben und alles verrühren. Mehl und Salz mischen, Hefemischung zugeben und alles zu einem homogenen Teig verkneten. Zugedeckt ca. 1 Stunde an einem warmen Ort gehen lassen, bis sich das Teigvolumen verdoppelt hat.

2. Beide Käsesorten reiben, Oliven und Tomaten abtropfen lassen und klein schneiden. Teig auf einer bemehlten Arbeitsfläche ca. 0,5 Zentimeter dick zu einem Quadrat ausrollen. Käse, Oliven, Tomaten und Kräuter darauf verteilen. Knoblauchzehen schälen, durch eine Knoblauchpresse drücken und daraufgeben.

3. Teig in ca. 5 x 8 Zentimeter große Rechtecke schneiden. Je vier bis fünf Teigrechtecke aufeinanderstapeln, sodass der Belag des oberen Rechtecks nach unten weist. Teigrechtecke zusammendrücken.

4. Mulden eines Muffinblechs einfetten und je einen Teigstapel senkrecht in eine Mulde setzen. Zugedeckt ca. 30 Minuten gehen lassen. Backofen auf 200 °C (Umluft: 180 °C) vorheizen.

5. Muffins im vorgeheizten Backofen ca. 25 Minuten backen, herausnehmen und vor dem Servieren kurz abkühlen lassen.

PIKANTE HAND PIES MIT ZIEGENKÄSE

Zutaten für 25 Stück

4 Handvoll Cranberrys, 110 g Zucker, 250 g Mehl und etwas Mehl für die Arbeitsfläche, Salz, 225 g kalte Butter, 1 Ei, 100 g Ziegenfrischkäse

Zubereitung *ca. 1 Std.* **Gehzeit** *ca. 1 Std.*

1. Cranberrys mit 30 Gramm Zucker und 6 Esslöffeln Wasser verrühren und köcheln lassen, bis das Wasser verdampft ist. Abkühlen lassen.

2. Mehl mit ¼ Teelöffel Salz und restlichem Zucker mischen. Butter mit der Hälfte der Mehlmischung zügig verkneten. Restliche Mehlmischung einarbeiten und mit 60 Millilitern eiskaltem Wasser zu einem glatten Teig verkneten. Zu einer Kugel formen und in Frischhaltefolie wickeln. Ca. 1 Stunde im Kühlschrank ruhen lassen. Backofen auf 175 °C (Umluft: 155 °C) vorheizen.

3. Teig auf einer bemehlten Arbeitsfläche dünn ausrollen und Kreise mit ca. 6,5 Zentimetern Durchmesser ausstechen. Hälfte der Teigkreise am Rand mit etwas verschlagenem Ei bestreichen. In die Mitte Cranberrykompott und Ziegenfrischkäse setzen. Restliche Kreise leicht gewölbt daraufsetzen. Ränder andrücken. Hand Pies etwas einschneiden und mit restlichem Ei bestreichen. Im vorgeheizten Backofen ca. 20 Minuten goldbraun backen.

PIDE MIT SCHAFSKÄSE

Zutaten für ca. 30 Stück

1 Würfel Hefe, 1 TL Zucker,
1 kg Mehl und etwas Mehl für die Arbeitsfläche,
2 TL Salz, 100 ml Olivenöl, 750 g Schafskäse,
frisch gemahlener Pfeffer, 1 Bund Petersilie, 1 Eigelb

Zubereitung *ca. 45 Min.*
Gehzeit *ca. 45 Min.*

1. Hefe und Zucker in ca. 50 Millilitern lauwarmem Wasser auflösen. Mehl, Salz und Öl in eine Rührschüssel geben und mit ca. 450 Millilitern lauwarmem Wasser und Hefemischung vermengen. Mit den Knethaken des Handrührgeräts zu einem glatten Teig verkneten. Auf einer bemehlten Arbeitsfläche zu einer Kugel formen und abgedeckt an einem warmen Ort ca. 30 Minuten gehen lassen.

2. Schafskäse in einer Schüssel zerbröckeln und mit Pfeffer würzen. Petersilie waschen, trocken schütteln, Blättchen abzupfen und fein hacken. Petersilie mit Schafskäse mischen.

3. Teig kräftig kneten und zu ca. 30 Kugeln formen. Abgedeckt ca. 15 Minuten ruhen lassen. Kugeln jeweils etwas flach drücken und mittig mit Schafskäsemischung bestreichen. Teigränder jeweils zur Mitte hin leicht gebogen einschlagen, sodass die Füllung nicht bedeckt ist und die typische Schiffchenform entsteht. Ränder fest andrücken. Backofen auf 200 °C (Umluft: 180 °C) vorheizen.

4. Backblech mit Backpapier auslegen. Schiffchen auf das Backblech setzen und Seiten mit Eigelb bestreichen. Pide im vorgeheizten Backofen ca. 15–20 Minuten goldbraun backen.

WÜRSTCHEN IM BROTTEIG

Zutaten für 6 Portionen

250 g Mehl, 10 g Trockenhefe, ½ TL Salz, 2 EL neutrales Pflanzenöl, 6 Würstchen, 1 Ei, etwas Sesam nach Belieben

Zubereitung *ca. 55 Min.*
Gehzeit *ca. 35 Min.*

1. Mehl, Hefe, Salz und Öl mit 100 Millilitern lauwarmem Wasser vermengen. Mit den Knethaken des Handrührgeräts ca. 5 Minuten zu einem glatten Teig verarbeiten. Teig abgedeckt an einem warmen Ort ca. 30 Minuten gehen lassen.

2. Teig rechteckig ausrollen und in sechs gleich große Streifen schneiden. Backblech mit Backpapier auslegen. Backofen auf 180 °C (Umluft: 160 °C) vorheizen.

3. Würstchen ca. 2–3 Mal diagonal einschneiden. Jeweils in einen Teigstreifen einrollen. Teigrollen mit ausreichend Abstand auf das Backpapier legen und nochmals ca. 5 Minuten gehen lassen.

4. Ei in einer Schüssel verschlagen und Teigrollen damit bestreichen. Nach Belieben mit Sesam bestreuen. Im vorgeheizten Backofen ca. 30–35 Minuten backen. Aus dem Ofen nehmen und in mundgerechte Stücke schneiden.

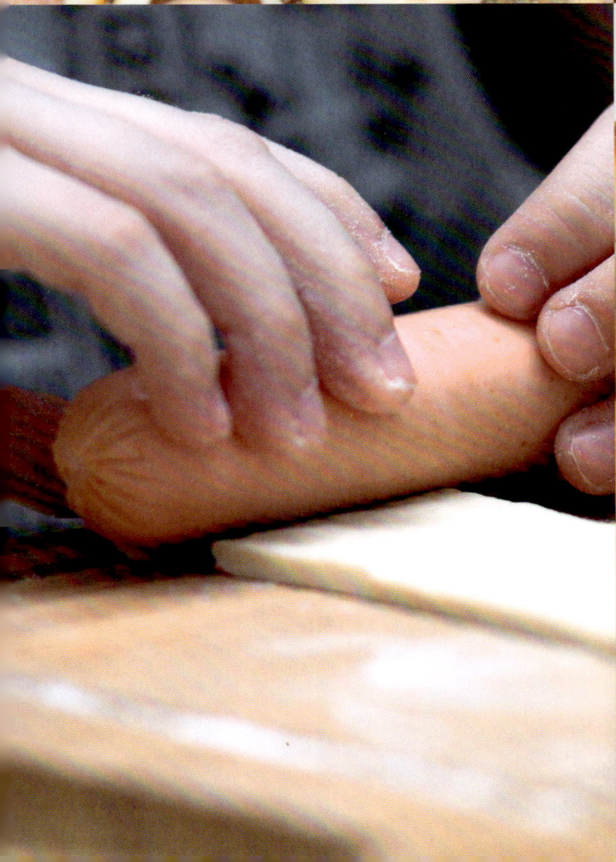

„KÜRBIS"-BRÖTCHEN

Zutaten für ca. 12 Stück

500 g Mehl und etwas Mehl für die Arbeitsfläche, 14 g Trockenhefe, 2 TL Backpulver, 1 TL Zucker, 2 TL Salz, 300 ml lauwarme Milch, 2 EL Öl, ¼ TL Zitronensaft, 12 Mandeln, 1 Eigelb

Zubereitung *ca. 55 Min.*

Gehzeit *ca. 30 Min.*

1. Mehl in eine Rührschüssel sieben. Mit Hefe, Backpulver, Zucker und Salz mischen. In die Mitte eine Mulde drücken. Milch mit Öl und Zitronensaft mischen und in die Mulde gießen. Alles mit den Knethaken des Handrührgeräts zu einem glatten Teig verkneten. Teig abgedeckt an einem warmen Ort ca. 30 Minuten gehen lassen.

2. Backofen auf 180 °C (Umluft: 160 °C) vorheizen. Backblech mit Backpapier auslegen. Teig kräftig kneten und auf einer bemehlten Arbeitsfläche in zwölf gleich große Portionen teilen. Jede Portion zu einer Kugel formen. Jeweils rundherum senkrechte Schlitze in die Kugeln schneiden. In die Mitte jeder Kugel eine Mandel drücken.

3. Brötchen auf das Backblech legen, mit Eigelb bestreichen und im vorgeheizten Backofen ca. 20–25 Minuten goldbraun backen. Aus dem Backofen nehmen und abkühlen lassen.

Tipp Insbesondere bei der Zubereitung von Partybrötchen und Monkey Breads können auch Kinder gut beim Backen helfen, rühren, kneten und mit Gewürzen und Co. experimentieren.

BIERZOPF-BRÖTCHEN

Zutaten für 6 Stück

500 g Weizenmehl, 150 g dunkles Roggenmehl, 14 g Trockenhefe, 1 TL Zucker, 2 EL zimmerwarmes Schmalz, 2 TL Salz, 300 ml lauwarmes Bier, etwas Sesam zum Bestreuen

Zubereitung *ca. 50 Min.*
Gehzeit *ca. 1 Std. und 5 Min.*

1. Mehle in eine Schüssel sieben und in die Mitte eine Mulde drücken. Hefe in die Mulde geben, Zucker zugeben und mit 4 Esslöffeln lauwarmem Wasser verrühren. Mit einem Teil des Mehls zu einem dickflüssigen Vorteig rühren. Abgedeckt an einem warmen Ort ca. 15 Minuten gehen lassen.

2. Schmalz, Salz und 270 Milliliter Bier zum Vorteig geben und alles mit den Knethaken des Handrührgeräts zu einem glatten Teig verkneten. Teig abgedeckt an einem warmen Ort ca. 30 Minuten gehen lassen.

3. Zwei Backbleche mit Backpapier auslegen. Teig kräftig kneten und in sechs gleich große Portionen teilen. Diese in jeweils drei gleich große Portionen teilen und zu gleich langen Strängen rollen. Stränge zu einem Zopf flechten. Zöpfe auf den Backblechen verteilen und abgedeckt ca. 20 Minuten gehen lassen. Backofen auf 200 °C (Umluft: 180 °C) vorheizen.

4. Zopfbrötchen mit restlichem Bier bepinseln und mit Sesam bestreuen. Im vorgeheizten Backofen ca. 30 Minuten goldgelb backen.

Brote formen und flechten

PRAXIS-TIPP

Bei Partys gilt: Das Auge isst mit. Vor allem Kleingebäck lässt sich gut formen und flechten. Für eine Brezel Teig zu einem dünnen Strang rollen, Enden überkreuzen, nochmals umeinanderwinden und rechts und links auf dem unteren Bogen festdrücken. Für einen dreisträngigen Zopf Teig zu drei dünnen Strängen rollen, gabelförmig auslegen und Enden aneinanderdrücken. Abwechselnd rechten und linken Strang über den mittleren legen, Enden zusammendrücken. Für Hörnchen Teig rund ausrollen, in „Pizzastücke" schneiden und jeweils vom breiten zum spitzen Ende aufrollen.

SPINAT-KÄSE-MUFFINS

Zutaten für 12 Stück

100 g Spinat (TK-Produkt), 60 ml Olivenöl und etwas Fett für die Form, 100 g Cheddar, 75 g Feta, 50 g Salami, 250 g Mehl, Salz, 2 TL Backpulver, gehackte Kräuter, 240 ml Milch, 2 Eier, frisch gemahlener Pfeffer

Zubereitung *ca. 50 Min.*

1. Spinat nach Packungsanweisung auftauen lassen. Backofen auf 180 °C (Umluft: 160 °C) vorheizen. Mulden eines Muffinblechs einfetten.

2. Cheddar fein reiben und Feta klein bröckeln. Salami klein schneiden. Mehl in eine Rührschüssel geben und mit Salz, Backpulver und Kräutern mischen. Milch und Öl in einer weiteren Schüssel mischen und mit Eiern und Spinat verrühren. Spinatmischung mit der Mehlmischung gut vermengen. Käse und Salami unterheben.

3. Teig in die Mulden des Muffinblechs füllen und mit Pfeffer würzen. Muffins im vorgeheizten Backofen ca. 25–30 Minuten goldbraun backen.

Tipp Dazu passt Tomaten- oder Srirachasoße. Oder Sie bereiten eine Kräutercreme zu. Dazu 125 Gramm Kräuter-Crème-fraîche, 250 Gramm Quark und 3 Esslöffel Milch verrühren und mit Salz, frisch gemahlenem Pfeffer und 1 Prise Zucker abschmecken. Oder Sie verrühren einfach 200 Gramm Kräuterfrischkäse mit 4 Esslöffeln Milch, füllen das Ganze in einen Spritzbeutel und dekorieren die Muffins mit dem Topping.

ZWIEBEL-TÖRTCHEN

Zutaten für 4–6 Portionen

½ Würfel Hefe, 300 g Mehl,
1 Prise Zucker, Salz, 3 EL Olivenöl,
2 rote Zwiebeln, 1 Knoblauchzehe,
frisch gemahlener Pfeffer, ½ TL Kümmel,
1 EL saure Sahne

Zubereitung *ca. 1 Std. und 5 Min.*
Gehzeit *ca. 1 Std.*

1. Hefe in ca. 150 Millilitern lauwarmem Wasser auflösen. Mehl in eine Rührschüssel sieben. Zucker und 1 Prise Salz zugeben und mit 2 Esslöffeln Öl und Hefewasser zu einem glatten Teig verkneten. Teig abgedeckt an einem warmen Ort ca. 30 Minuten gehen lassen.

2. Zwiebeln schälen und in feine Streifen schneiden. Knoblauch schälen und fein hacken. Restliches Öl in einer Pfanne erhitzen und darin Zwiebeln und Knoblauch andünsten. Mit Salz, Pfeffer und Kümmel abschmecken. Zwiebelmischung mit saurer Sahne verrühren. Vom Herd nehmen und leicht abkühlen lassen.

3. Backblech mit Backpapier auslegen. Teig kräftig kneten und in vier bis sechs gleich große Stücke teilen. Zu runden, flachen Törtchen formen und in die Mitte eine kleine Mulde drücken. Auf das Backpapier legen und abgedeckt an einem warmen Ort ca. 30 Minuten gehen lassen. Backofen auf 180 °C (Umluft: 160 °C) vorheizen.

4. Mit einem kleinen Löffel jeweils etwas Füllung in die Mulde geben und glatt streichen. Törtchen im vorgeheizten Backofen ca. 30 Minuten backen.

Zum Knabbern

ROSMARIN-GRISSINI

Zutaten für 15–20 Stück

250 g Mehl und etwas Mehl für die Arbeitsfläche,
1 gehäufter TL Trockenhefe, 1 TL Zucker,
2 Stängel Rosmarin, 4 EL Olivenöl,
1 TL Salz und etwas grobes Meersalz zum Bestreuen

Zubereitung *ca. 40 Min.*
Gehzeit *ca. 55 Min.*

1. 3 Esslöffel Mehl abnehmen. Zusammen mit Trockenhefe und Zucker in etwas lauwarmem Wasser auflösen. Vorteig zugedeckt ca. 15 Minuten gehen lassen. Rosmarin waschen, trocken schütteln, Nadeln abzupfen und sehr fein hacken.

2. Vorteig mit restlichem Mehl, 2 Esslöffeln Öl, Salz, Rosmarin sowie 125 Millilitern Wasser zu einem glatten Teig verkneten. Zugedeckt ca. 40 Minuten gehen lassen.

3. Teig auf einer bemehlten Arbeitsfläche zu einem Rechteck von ca. 0,5 Zentimetern Dicke ausrollen. In ca. 30 Zentimeter lange und 0,5 Zentimeter dicke Streifen schneiden und zu Stangen rollen. Backofen auf 200 °C (Umluft: 180 °C) vorheizen.

4. Backblech mit Backpapier auslegen und Teigstangen mit etwas Abstand daraufsetzen. Mit restlichem Olivenöl bestreichen und mit Meersalz bestreuen. Grissini im vorgeheizten Backofen ca. 15 Minuten goldgelb backen.

BRASILIANISCHE KÄSEBÄLLCHEN

Zutaten für ca. 70 Stück

400 ml Milch, 200 ml Öl,
1 gehäufter EL Salz, 1 kg Tapiokamehl, 3 Eier,
500 g geriebener Käse (z. B. Mischung aus mittelaltem Gouda und Parmesan oder Mozzarella und Parmesan)

Zubereitung *ca. 55 Min.*
Kühlzeit *ca. 1 Std.*

1. Milch mit 125 Millilitern Wasser, Öl und Salz in einem Topf zum Kochen bringen. Vom Herd nehmen, nach und nach Mehl zugeben und unterrühren. Eier verschlagen und ebenfalls unterrühren. Alles zu einem glatten Teig verarbeiten. Käse zufügen und alles gut verkneten. Teig ca. 1 Stunde im Kühlschrank ruhen lassen.

2. Backofen auf 220 °C (Umluft: 200 °C) vorheizen. Backblech mit Backpapier auslegen. Aus dem Teig mit einem Esslöffel oder einem Eisportionierer kleine Teigmengen abstechen und zu Kugeln formen. Kugeln mit etwas Abstand auf das Backblech legen.

3. Käsebällchen im vorgeheizten Backofen ca. 20–25 Minuten goldgelb backen. Leicht abgekühlt servieren.

Tipp Die Pão de Queijo genannten Käsebällchen sind glutenfrei und daher auch bestens für Gäste mit Glutenunverträglichkeit geeignet. Sie lassen sich hervorragend auf Vorrat herstellen und einfrieren. Typischerweise werden sie zum Nachmittagskaffee, aber auch mit etwas Butter und Salz als abendlicher Snack zu einem Glas Bier, Mojito oder Caipirinha serviert. Lecker schmecken sie zu einem frischen Salat.

Teigarten

Ob Party-Häppchen auf Baguettescheiben, ein unkompliziertes Sauerteigzupfbrot zum Grillfest oder Kuchenbrötchen zum Kaffeeklatsch in gemütlicher Runde – für alles gibt es den passenden Teig. Beim Brotbacken unterscheidet man drei grundlegende Teigarten, die sich je nach Triebmittel unterscheiden: Hefe-, Sauer- oder Backpulverteig. Daneben kommen noch weitere Teig- und Zubereitungsarten wie z. B. Blätterteig infrage.

Mit **Backpulver** gebacken werden schnelle Brote wie z. B. das irische Sodabrot oder Kuchenbrötchen wie Quarkbrötchen oder Scones. Weitere Zutaten sind hier neben Mehl auch Eier, Fett, Milch, saure Sahne oder Buttermilch und Salz oder Zucker.

Sauerteig eignet sich besonders für Brot mit einem hohen Roggenmehlanteil. Für einen Sauerteigansatz mischt man Mehl und Wasser zu gleichen Teilen zu einem zähflüssigen Teig und lässt ihn abgedeckt etwa fünf Tage ruhen, wobei man regelmäßig Mehl und Wasser zugibt.

Hefebrote wie Weißbrot, Brötchen, Baguette oder Ciabatta backt man meist mit Weizen- oder Dinkelmehl. Hefeteig vermischt man mit Wasser, Mehl und Hefe, knetet den Teig und lässt ihn abgedeckt gehen, bis er sein Volumen verdoppelt hat.

Blätterteig besteht klassischerweise aus Mehl, Butter, Salz und/oder Zucker und Wasser. Aus ihm werden z. B. Blätterteigstangen oder Croissants zubereitet. Die Blätterschichten erhält man, indem man den Teig in mehreren Durchgängen übereinanderschlägt.

Laugengebäck wie Laugenbrezeln, -stangen oder -brötchen zählt zum Hefegebäck. Die Teiglinge werden vor dem Backen mit einer Natronlauge behandelt, wodurch sie einen herben Geschmack und eine dunkelbraune Farbe erhalten.

KÄSE-BLÄTTERTEIG-STANGEN MIT BACON

Zutaten für ca. 15–20 Stück

290 g Mehl und etwas Mehl für die Arbeitsfläche und zum Bestäuben, 5 g Zucker, 5 g Salz, 265 g Butter, 100 g geriebener Käse (z. B. Cheddar, Parmesan), 1 Ei und 1 Eigelb zum Bestreichen, ¼ TL Rauchsalz, ¼ TL frisch gemahlener Pfeffer, ¼ TL geräuchertes Paprikapulver, 120 g Bacon (dünn in Streifen geschnitten), etwas Sesam nach Belieben

Zubereitung *ca. 1 Std. und 15 Min.* **Kühlzeit** *ca. 2 Std.*

1. 250 Gramm Mehl, Zucker, Salz und 15 Gramm Butter in der Küchenmaschine mischen. 150 Milliliter kaltes Wasser nach und nach zugießen und alles ca. 5–7 Minuten zu einem glatten Teig verkneten. Restliche Butter und restliches Mehl kurz mit den Händen gut verkneten. Zu einem ca. 1 Zentimeter dicken, ca. 18 Zentimeter langen Block formen. Teig- und Buttermischung, jeweils in Folie gewickelt, ca. 20 Minuten in den Kühlschrank legen.

2. Teig auf einer gut bemehlten Arbeitsfläche zu einem ca. 35 x 35 Zentimeter großen Quadrat ausrollen. Butter daraufsetzen, Teigecken darüber einschlagen. Vorsichtig zusammendrücken und nicht zu dünn zu einem Rechteck ausrollen. Von den Längsseiten her zu je einem Drittel einschlagen. In Frischhaltefolie gewickelt, ca. 20 Minuten in den Kühlschrank legen. Teig von der kurzen Seite her ausrollen, wieder von den Längsseiten her zu je einem Drittel einschlagen. In Folie gewickelt, ca. 20 Minuten in den Kühlschrank legen. Dreimal wiederholen.

3. Backofen auf 190 °C (Umluft: 170 °C) vorheizen. Backblech mit Backpapier auslegen. Blätterteig auf einer bemehlten Arbeitsfläche zu einem Rechteck von ca. 50 x 25 Zentimetern ausrollen. Teig mit Käse bestreuen und etwas andrücken. Ei mit Rauchsalz, Pfeffer und Paprikapulver verrühren. Teig damit bestreichen, in Streifen von ca. 25 x 2,5 Zentimetern schneiden und mit Bacon belegen. Enden jeweils zusammendrücken und Schlaufe spiralförmig verdrehen. Teigstangen auf das Backblech legen und mit Eigelb bestreichen. Nach Belieben mit Sesam bestreuen. Im vorgeheizten Backofen ca. 25–30 Minuten backen.

ANTIPASTI-BROTSTICKS

Zutaten für ca. 15 Stück

½ Würfel Hefe, 500 g Backmischung für Ciabatta, 20 g Pinienkerne, 50 g in Öl eingelegte getrocknete Tomaten, 50 g entsteinte schwarze Oliven, 15 g Kapern, 1 Knoblauchzehe, 5 Stängel Thymian, 125 g Mozzarella, 100 g geriebener Parmesan, 1 TL Salz, ¼ TL frisch gemahlener Pfeffer, etwas Mehl für die Arbeitsfläche

Zubereitung *ca. 1 Std. und 15 Min.*
Gehzeit *ca. 1 Std. und 15 Min.*

1. Hefe in ca. 325 Millilitern lauwarmem Wasser auflösen. Backmischung und Hefewasser vermischen und mit den Knethaken des Handrührgeräts zu einem glatten Teig verkneten. Abgedeckt an einem warmen Ort ca. 45 Minuten gehen lassen.

2. Pinienkerne in einer beschichteten Pfanne ohne Fettzugabe goldbraun anrösten und fein hacken. Tomaten, Oliven und Kapern über einem Sieb abtropfen lassen und fein würfeln. Knoblauch schälen und fein hacken. Thymian waschen, trocken schütteln und Blättchen fein hacken. Mozzarella abtropfen lassen, trocken tupfen und fein würfeln.

3. Teig mit Pinienkernen, Tomaten, Oliven und Kapern vermischen. Knoblauch, Thymian, Mozzarella und 70 Gramm Parmesan zufügen. Salz und Pfeffer zugeben und alles gut verkneten. Abgedeckt an einem warmen Ort ca. 30 Minuten gehen lassen.Backofen auf 200 °C (Umluft: 180 °C) vorheizen.

4. Backblech mit Backpapier auslegen. Teig kräftig kneten und in zwei Portionen teilen. Jeweils eine Teighälfte auf einer bemehlten Arbeitsfläche dünn zu einem Rechteck ausrollen und mit restlichem Parmesan bestreuen. Eine Teighälfte auf das Backpapier legen und im vorgeheizten Backofen ca. 15–17 Minuten backen. Mit der zweiten Teighälfte ebenso verfahren. Brotsticks in Streifen schneiden und servieren.

ZWEIERLEI ZWIRBELSTANGEN

Zutaten für 20–30 Stück

7 g Trockenhefe, 500 g Hartweizenmehl, Salz, 50 ml Olivenöl, 7 Knoblauchzehen, etwas Rapsöl, 1 Handvoll glatte Petersilie, 1 Handvoll getrocknete Tomaten, 1 TL getrockneter Thymian, frisch gemahlener Pfeffer, etwas geriebener Parmesan

Zubereitung *ca. 1 Std. und 5 Min.*
Gehzeit *ca. 1 Std. und 10 Min.*

1. Hefe in 320 Milliliter lauwarmes Wasser einrühren. Ca. 5 Minuten ruhen lassen, bis die Hefe vollständig aufgelöst ist. Mehl mit 2 Teelöffeln Salz vermischen. Öl und Hefewasser zufügen und alles zu einem glatten Teig verkneten. Teig abgedeckt an einem warmen Ort ca. 30 Minuten gehen lassen, bis sich das Volumen verdoppelt hat.

2. Knoblauch schälen. 6 Knoblauchzehen mit etwas Rapsöl im Mixer pürieren. Petersilie zufügen und mitpürieren. Beiseitestellen. Tomaten, Thymian, restliche Knoblauchzehe und etwas Salz und Pfeffer ebenfalls im Mixer pürieren und beiseitestellen.

3. Teig kräftig kneten und rund wirken. Abgedeckt weitere ca. 10 Minuten gehen lassen. Teig in zwei Hälften teilen und jeweils ca. 1 Zentimeter dick zu einem Rechteck ausrollen. Eine Hälfte mit Knoblauch-Petersilien-Mischung bestreichen und mit Salz und Pfeffer würzen. Andere Hälfte mit Tomatenmischung bestreichen und mit Parmesan bestreuen. Teig jeweils von der Längsseite her überklappen und in 3 Zentimeter breite Streifen schneiden. Streifen mehrmals verzwirbeln. Backofen auf 200 °C (Umluft: 180 °C) vorheizen.

4. Backblech mit Backpapier auslegen. Zwirbelstangen auf das Backblech legen und abgedeckt weitere ca. 30 Minuten gehen lassen. Im vorgeheizten Backofen ca. 20 Minuten backen.

MAISMEHL-TALER

Zutaten für ca. 25 Stück

150 g Gruyère, 250 g Maismehl und etwas Mehl für die Arbeitsfläche, ½ TL Salz, ½ TL Paprikapulver, 1 Ei und 1 Eigelb zum Bestreichen, 100 g weiche Butter, 2 Tomaten, 2 EL Sesam

Zubereitung *ca. 40 Min.*

1. Käse reiben und mit Mehl, Salz und Paprikapulver mischen. Ei und Butter zufügen und alles zu einem glatten Teig verkneten. Backofen auf 200 °C (Umluft: 180 °C) vorheizen. Backblech mit Backpapier auslegen.

2. Teig auf einer bemehlten Arbeitsfläche ca. 0,5 Zentimeter dick ausrollen. Aus dem Teig Kreise von ca. 6 Zentimetern Durchmesser ausstechen und auf das Backblech legen. Mit Eigelb bestreichen.

3. Tomaten waschen, vom Stielansatz befreien und in Scheiben schneiden. Hälfte der Taler mit je einer Tomatenscheibe belegen, andere Hälfte mit Sesam bestreuen. Im vorgeheizten Backofen ca. 12 Minuten backen.

MINI-CROISSANTS

Zutaten für ca. 24 Stück

500 g Mehl und etwas Mehl für die Arbeitsfläche, ½ TL Salz, 7 g Trockenhefe, 60 g Butter, 250 ml lauwarme Milch, 1 Eigelb, etwas Sesam zum Bestreuen

Zubereitung *ca. 50 Min.*
Gehzeit *ca. 15 Min.*

1. Mehl in eine Rührschüssel sieben. Mit Salz und Hefe mischen. Butter in einem kleinen Topf zerlassen. Zusammen mit der Milch zur Mehlmischung geben und alles zu einem glatten Teig verkneten (nicht gehen lassen!).

2. Teig in drei Portionen teilen. Jede Portion auf einer bemehlten Arbeitsfläche nacheinander zu einem Kreis von 25 Zentimetern Durchmesser ausrollen. In jeweils acht Dreiecke teilen und zu Croissants aufrollen. Backofen auf 200 °C (Umluft: 180 °C) vorheizen. Backblech mit Backpapier auslegen.

3. Mini-Croissants auf das Backblech legen und mit Eigelb bestreichen. Mit Sesam bestreuen. Abgedeckt an einem warmen Ort ca. 15 Minuten gehen lassen. Im vorgeheizten Backofen ca. 25 Minuten backen.

ITALIENISCHES KNABBERGEBÄCK

Zutaten für ca. 90 Stück

500 g Mehl und etwas Mehl für die Arbeitsfläche, 125 ml Olivenöl, 100 ml Weißwein, 2 TL Salz

Zubereitung *ca. 1 Std.*
Gehzeit *ca. 30 Min.*

1. Mehl in eine Rührschüssel sieben. Mit 100 Millilitern lauwarmem Wasser, Öl, Weißwein und Salz zu einem glatten Teig verkneten. Abgedeckt an einem warmen Ort ca. 30 Minuten gehen lassen.

2. Teig kräftig kneten und auf einer bemehlten Arbeitsfläche zu langen Rollen formen. Rollen in ca. 2–3 Zentimeter lange Stücke schneiden. Jeweils zu einem Kreis formen, Enden über Kreuz legen und leicht andrücken.

3. Einen Topf mit ausreichend Wasser erhitzen. Teigringe portionsweise in das heiße (nicht mehr kochende) Wasser geben. Kurz kochen lassen, bis sie an der Oberfläche schwimmen. Mit einem Schaumlöffel aus dem Wasser nehmen und über einem Sieb abtropfen lassen. Backofen auf 190 °C (Umluft: 170 °C) vorheizen. Backblech mit Backpapier auslegen.

4. Teigringe auf das Backblech legen und im vorgeheizten Backofen ca. 25–30 Minuten goldbraun backen.

SESAM-KNABBERSTANGEN

Zutaten für 4 Portionen

50 g Butter, 50 g Mehl,
2 Eier, 20 g geriebener Parmesan,
1 Prise Salz, 1 Prise Cayennepfeffer, 80 g Sesam

Zubereitung *ca. 45 Min.*

1. Backofen auf 180 °C (Umluft: 160 °C) vorheizen. Backblech mit Backpapier auslegen. Butter in einem Topf bei geringer Hitze zerlassen. Mit Mehl, Eiern, Parmesan, Salz und Cayennepfeffer zu einem glatten Teig verkneten.

2. Teig gleichmäßig auf dem Backpapier verstreichen und mit Sesam bestreuen. Im vorgeheizten Backofen ca. 20 Minuten goldbraun backen.

3. Aus dem Backofen nehmen und in Streifen schneiden. Abkühlen lassen. Sesamstangen lauwarm oder kalt servieren.

Tipp Die Sesamstangen sind genau das Richtige für einen geselligen Fernsehabend oder eine Cocktailparty. Dazu passt ein Knoblauchdip mit Basilikum: Dazu 500 Gramm griechischen Joghurt, 2 gepresste Knoblauchzehen und einige gehackte Blättchen Basilikum verrühren. Mit Salz und Pfeffer abschmecken und verschlossen über Nacht im Kühlschrank ziehen lassen.

HERZHAFTE KÄSEPLÄTZCHEN

Zutaten für ca. 70 Stück

125 g weiche Butter, 1 Ei und 1 Eigelb zum Bestreichen, 100 g Sahne, 100 g geriebener Käse, 250 g Mehl und etwas Mehl für die Arbeitsfläche, 1 TL Backpulver, 1–2 TL Salz, frisch gemahlener Pfeffer, Paprikapulver, etwas Mohn, Sesam oder Kümmel zum Bestreuen

Zubereitung *ca. 35 Min.*
Gehzeit *ca. 30 Min.*

1. Butter in eine Rührschüssel geben und mit Ei und Sahne verrühren. Geriebenen Käse, Mehl, Backpulver und Salz zufügen und alles zu einem glatten Teig verkneten. Mit Pfeffer und Paprikapulver würzen und nochmals gut kneten. Teig abgedeckt ca. 30 Minuten kühl stellen.

2. Backofen auf 180 °C (Umluft: 160 °C) vorheizen. Backblech mit Backpapier auslegen. Teig kräftig kneten und auf einer bemehlten Arbeitsfläche nicht zu dünn ausrollen. Plätzchen ausstechen und auf das Backblech legen.

3. Plätzchen mit Eigelb bestreichen und mit Mohn, Sesam oder Kümmel bestreuen. Im vorgeheizten Backofen ca. 12–15 Minuten goldgelb backen.

OLIVEN-ROSMARIN-CRACKER

Zutaten für ca. 70 Stück

1 Knoblauchzehe, 2 EL fein gehackter Rosmarin, 4 EL fein gehackte Oliven, 6 EL fein geriebener Parmesan, 300 g Mehl und etwas Mehl für die Arbeitsfläche, 1 TL Salz, 100 g Sahne, Fleur de Sel

Zubereitung *ca. 30 Min.*

1. Knoblauch schälen und fein hacken. Zusammen mit Rosmarin, Oliven und Parmesan in eine Rührschüssel geben. Mit Mehl, Salz und Sahne zu einem elastischen Teig verkneten.

2. Backofen auf 200 °C (Umluft: 180 °C) vorheizen. Backblech mit Backpapier auslegen. Teig auf einer bemehlten Arbeitsfläche dünn ausrollen und in kleine Quadrate schneiden.

3. Cracker auf das Backblech legen und mit etwas Fleur de Sel bestreuen. Im vorgeheizten Backofen ca. 10 Minuten goldbraun backen.

MINI-BREZELN

Zutaten für ca. 30 Stück

½ Würfel Hefe, 1 TL Zucker,
500 g Mehl und etwas Mehl für die Arbeitsfläche,
30 g weiche Butter, 100 ml lauwarme Milch,
1 TL Salz, 100 g Natron, Mohnsamen zum Bestreuen

Zubereitung *ca. 1 Std.*
Gehzeit *ca. 1 Std. und 30 Min.*

1. Hefe und Zucker mit 150 Millilitern lauwarmem Wasser verrühren. Mehl in eine Rührschüssel sieben und in die Mitte eine Mulde drücken. Hefewasser in die Mulde gießen. Mit einem Teil des Mehls zu einem dickflüssigen Vorteig verrühren. Abgedeckt an einem warmen Ort ca. 10 Minuten gehen lassen.

2. Butter, Milch und Salz zufügen und alles mit den Knethaken des Handrührgeräts zu einem glatten Teig verkneten. Abgedeckt an einem warmen Ort ca. 1 Stunde gehen lassen.

3. Backblech mit Backpapier auslegen. Teig kräftig kneten und auf einer bemehlten Arbeitsfläche zu Mini-Brezeln formen. Brezeln mit etwas Abstand auf das Backblech legen. Abgedeckt an einem warmen Ort nochmals ca. 20 Minuten gehen lassen. Backofen auf 220 °C (Umluft: 200 °C) vorheizen.

4. 1 Liter Wasser in einem großen, flachen Topf aufkochen. Natron zugeben und Topf vom Herd nehmen. Mini-Brezeln portionsweise mit einer Schaumkelle ca. 15 Sekunden in das Wasser tauchen, kurz abtropfen lassen und auf das Backpapier legen. Mini-Brezeln mit Mohnsamen bestreuen und im vorgeheizten Backofen ca. 15 Minuten backen.

Süße Partybrote

NUSSIGES ZUPFBROT

Zutaten für 1 Kastenform

170 g Butter und etwas Fett für die Form, 80 ml Milch, 375 g Mehl und etwas Mehl für die Arbeitsfläche, Salz, 200 g Zucker, 2 ½ TL Trockenhefe, 3 TL Vanilleextrakt, 2 Eier, 2 TL Zimt, 150 g Pistazien, 100 g Walnüsse, ½ TL Kardamom, ½ TL Rosenwasser, abgeriebene Schale von ½ unbehandelten Zitrone, 150 g Honig

Zubereitung *ca. 1 Std. und 35 Min.* **Gehzeit** *ca. 45 Min.*

1. 60 Gramm Butter mit Milch in einem kleinen Topf erwärmen und Butter zerlassen. Mehl in eine Rührschüssel sieben und mit ½ Teelöffel Salz und 50 Gramm Zucker mischen. In die Mitte eine kleine Mulde drücken. Hefe, lauwarme Butter-Milch-Mischung, 1 Teelöffel Vanilleextrakt und Eier in der Mulde verrühren. Alles mit den Knethaken des Handrührgeräts zu einem glatten Teig verkneten. Abgedeckt an einem warmen Ort ca. 45 Minuten gehen lassen.

2. Restlichen Zucker mit Zimt in einer Schüssel mischen. Pistazien und Walnüsse mit restlichem Vanilleextrakt, ½ Teelöffel Salz, Kardamom, Rosenwasser und Zitronenschale in einem Mixer grob mahlen. Honig mit 120 Millilitern Wasser und 1 Prise Salz in einem Topf aufkochen lassen. Hitze reduzieren und Honigwasser auf ca. ein Drittel einreduzieren lassen. Backofen auf 180 °C (Umluft: 160 °C) vorheizen. Kastenform einfetten. Restliche Butter in einem kleinen Topf bei geringer Wärme zerlassen.

3. Teig kräftig kneten und auf einer bemehlten Arbeitsfläche zu einem Rechteck von ca. 50 x 30 Zentimetern ausrollen. Mit geschmolzener Butter bestreichen und mit Zucker-Zimt-Mischung bestreuen. Nussmischung gleichmäßig darauf verstreichen. Teig längs in sechs Streifen schneiden und Streifen aufeinanderlegen. Stapel in sechs Stücke schneiden und diese aufrecht in die Kastenform stellen.

4. Zupfbrot im vorgeheizten Backofen ca. 45–50 Minuten backen. Herausnehmen und Hälfte des Honigsirups darübergießen. Brot ca. 10 Minuten in der Form auskühlen lassen, herausnehmen und mit restlichem Honigsirup servieren.

GEFÜLLTE HEFEBRÖTCHEN

Zutaten für ca. 12–15 Stück

225 g Mehl und etwas Mehl für die Arbeitsfläche,
90 g Zucker, ¼ TL Salz, 1 ½ TL Trockenhefe,
50 g weiche Butter, 1 Ei, 90 ml lauwarme Milch,
115 g Trockenfrüchte (z. B. Rosinen, Cranberrys, klein geschnittene Aprikosen),
etwas Puderzucker zum Bestäuben

Zubereitung *ca. 40 Min.*
Gehzeit *ca. 1 Std. und 30 Min.*

1. Mehl in eine Rührschüssel sieben. Mit 25 Gramm Zucker, Salz und Hefe mischen. In die Mitte eine kleine Mulde drücken. 25 Gramm Butter, Ei und Milch in der Mulde verrühren. Alles mit den Knethaken des Handrührgeräts zu einem glatten Teig verkneten. Teig abgedeckt an einem warmen Ort ca. 1 Stunde gehen lassen.

2. Teig kräftig kneten. Auf einer bemehlten Arbeitsfläche zu einem Quadrat ausrollen. Restliche Butter darauf verstreichen. Restlichen Zucker darüberstreuen und Trockenfrüchte gleichmäßig auf dem Teig verteilen. Teig eng zusammenrollen und Rolle in gleich große Scheiben schneiden. Backblech mit Backpapier auslegen. Hefebrötchen mit etwas Abstand auf dem Backblech verteilen. Abgedeckt an einem warmen Ort nochmals ca. 30 Minuten gehen lassen. Backofen auf 200 °C (Umluft: 180 °C) vorheizen.

3. Im vorgeheizten Backofen ca. 15–20 Minuten goldbraun backen. Mit Puderzucker bestäuben und lauwarm servieren.

ZITRONEN-PULL-APART-BREAD

Zutaten für 1 Kastenform

1 Würfel Hefe, 180 g Zucker, 100 ml lauwarme Milch, 175 g Butter und etwas Fett für die Form, 500 g Mehl und etwas Mehl für die Arbeitsfläche, 2 Eier, 2 Prisen Salz, 1 Pck. Vanillezucker, 1 gehäufter TL abgeriebene Schale und Saft von 1 unbehandelten Zitrone, 200 g Puderzucker

Zubereitung *ca. 1 Std. und 35 Min.* **Geh- und Ruhezeit** *ca. 1 Std. und 25 Min.*

1. Hefe mit 80 Gramm Zucker in Milch auflösen. Ca. 10 Minuten ruhen lassen. Butter in einen kleinen Topf geben und bei geringer Hitze zerlassen. Mehl, Eier, 1 Prise Salz und Vanillezucker zur Hefe-Milch-Mischung geben und alles verkneten. Mit 75 Gramm geschmolzener Butter zu einem glatten Teig verkneten. Teig abgedeckt an einem warmen Ort ca. 1 Stunde gehen lassen.

2. Teig auf einer bemehlten Arbeitsfläche ausrollen. Restliche Butter mit restlichem Zucker, restlichem Salz und Zitronenschale vermischen. Mischung gleichmäßig auf den Teig streichen. Teig längs in ca. 10 Zentimeter breite Streifen (passend zur Kastenform) schneiden. Streifen übereinanderlegen und quer zu Quadraten schneiden. Kastenform einfetten. Teigquadrate in die Kastenform schichten. Abgedeckt ca. 15 Minuten gehen lassen. Backofen auf 180 °C (Umluft: 160 °C) vorheizen.

3. Pull Apart Bread im vorgeheizten Backofen ca. 1 Stunde backen. Herausnehmen und auskühlen lassen. Zitronensaft mit Puderzucker verrühren und auf dem Brot verteilen.

PULL APART BREAD MIT APFELKONFITÜRE

Zutaten für 1 Kastenform

500 g Mehl und etwas Mehl für die Arbeitsfläche, 40 g Zucker, 1 EL Vanillezucker, 7 g Trockenhefe, ½ TL Salz, 70 g Butter und etwas Fett für die Form, 150 ml lauwarme Milch, 2 Eier, 1 Glas Apfelkonfitüre (à 200 g), 75 g Puderzucker

Zubereitung *ca. 1 Std. und 15 Min.* **Gehzeit** *ca. 1 Std. und 45 Min.*

1. Mehl, Zucker, Vanillezucker, Hefe und Salz in einer Rührschüssel mischen. 50 Gramm Butter in einem kleinen Topf bei geringer Wärme zerlassen. Leicht abkühlen lassen und Milch zugießen. Butter-Milch-Mischung zusammen mit Eiern zur Mehlmischung geben und alles mit den Knethaken des Handrührgeräts zu einem glatten Teig verkneten. Abgedeckt an einem warmen Ort ca. 1 Stunde gehen lassen.

2. Kastenform (ca. 30 Zentimeter) einfetten. Teig kräftig kneten und auf einer bemehlten Arbeitsfläche zu einem Quadrat von ca. 50 x 50 Zentimetern dünn ausrollen. Mit Apfelkonfitüre bestreichen. Teig in Streifen von ca. 8 Zentimetern Breite schneiden. Diese quer in sechs Quadrate von ca. 8 x 8 Zentimetern schneiden. Je sechs Teigquadrate aufeinandergestapelt in die Form schichten. Abgedeckt an einem warmen Ort nochmals ca. 45 Minuten gehen lassen. Backofen auf 175 °C (Umluft: 155 °C) vorheizen.

3. Restliche Butter kurz erwärmen und Pull Apart Bread damit bestreichen. Im vorgeheizten Backofen ca. 17–20 Minuten backen, mit Alufolie abdecken und ca. 17–20 Minuten fertig backen. Aus dem Ofen nehmen und ca. 30 Minuten in der Form auskühlen lassen. Stürzen und auf einem Kuchengitter vollständig auskühlen lassen. Puderzucker mit etwas Wasser glatt rühren und auf dem Brot verstreichen.

HEIDELBEER-QUARK-MONKEY-BREAD

Zutaten für 1 Gugelhupfform

250 ml Milch, 180 g Butter und etwas Fett für die Form, 550 g Mehl und etwas Mehl für die Arbeitsfläche, 230 g Zucker, 2 Eier, 1 Prise Salz, ½ Würfel Hefe, 150 g Heidelbeeren (TK-Produkt) und einige frische Heidelbeeren für die Garnitur, 250 g Quark, 50 g Frischkäse, 30 g Maisstärke, Saft und abgeriebene Schale von ½ unbehandelten Zitrone, 4 TL Zimt

Zubereitung *ca. 1 Std. und 10 Min.*
Gehzeit *ca. 1 Std. und 40 Min.*

1. Milch mit 80 Gramm Butter in einem kleinen Topf erwärmen. Leicht abkühlen lassen. Mehl in eine Rührschüssel sieben. Mit 50 Gramm Zucker, 1 Ei und Salz mischen. In die Mitte eine kleine Mulde drücken. Hefe hineinbröckeln. Butter-Milch-Mischung in die Mulde gießen. Alles mit den Knethaken des Handrührgeräts zu einem glatten Teig verkneten. Teig abgedeckt an einem warmen Ort ca. 1 Stunde gehen lassen.

2. Heidelbeeren antauen lassen. Restliches Ei mit 30 Gramm Zucker, Quark, Frischkäse, Maisstärke und Zitronensaft verrühren. Heidelbeeren unterheben. Teig kräftig kneten. Auf einer bemehlten Arbeitsfläche in fünf Stücke teilen. Aus jedem Stück eine Rolle formen und jede Rolle in fünf bis sechs Scheiben teilen. Jede Scheibe etwas platt drücken und in die Mitte eine Mulde drücken. Jeweils etwas Heidelbeerfüllung hineingeben und mit Teig umschließen.

3. Eine Gugelhupfform einfetten. Restliche Butter in einem kleinen Topf zerlassen. Restlichen Zucker mit Zimt mischen. Jede Teigkugel in Butter und in Zucker-Zimt-Mischung wälzen und in die Form schichten. Backofen auf 200 °C (Umluft: 180 °C) vorheizen.

4. Abgedeckt weitere ca. 40 Minuten gehen lassen. Monkey Bread im vorgeheizten Backofen ca. 25–30 Minuten backen. Mit Zitronenabrieb und gewaschenen, trocken getupften Heidelbeeren garniert servieren.

PULL APART BREAD MIT ZIMT

Zutaten für 1 kleine Kastenform

½ Würfel Hefe, 50 g Zucker, 150 ml lauwarme Milch,
375 g Mehl und etwas Mehl für die Arbeitsfläche,
½ TL Salz, 2 Eier, 125 g weiche Butter und etwas Fett für die Form,
100 g brauner Zucker, 1–2 TL Zimt

Zubereitung *ca. 1 Std. und 5 Min.*
Geh- und Ruhezeit *ca. 2 Std. und 10 Min.*

1. Hefe mit etwas Zucker in Milch auflösen. Ca. 10 Minuten ruhen lassen. Mehl in eine Rührschüssel sieben. Mit Hefemilch, restlichem Zucker, Salz, Eiern und 50 Gramm Butter zu einem glatten Teig verkneten. Teig abgedeckt an einem warmen Ort ca. 1 Stunde gehen lassen.

2. Teig kräftig kneten. Auf einer bemehlten Arbeitsfläche ca. 0,5 Zentimeter dick zu einem Rechteck ausrollen. Restliche Butter zerlassen. Ca. 1 Esslöffel Butter beiseitestellen, übrige Butter auf dem Teig verstreichen. Braunen Zucker mit Zimt mischen. Ca. 1 Esslöffel davon beiseitestellen. Mit der restlichen Mischung den Teig bestreuen.

3. Teig in kastenformbreite Streifen schneiden. Streifen aufeinanderlegen und quer in kastenformhohe Rechtecke schneiden. Kastenform einfetten und Teigrechtecke aufrecht in die Form setzen. Abgedeckt ca. 30–60 Minuten gehen lassen. Backofen auf 180 °C (Umluft: 160 °C) vorheizen.

4. Pull Apart Bread mit beiseitegestellter Butter bestreichen und mit Zimtzucker bestreuen. Im vorgeheizten Backofen ca. 30–35 Minuten backen. Aus dem Ofen nehmen und ca. 30 Minuten in der Form abkühlen lassen. Vorsichtig stürzen und auf einem Kuchengitter vollständig abkühlen lassen.

Zutaten für süße Brote

PRAXIS-TIPP

Süße Brote sind vor allem als Partydessert, zu Frühstücks- und Brunchpartys oder für die festliche Kaffeetafel beliebt. Sie lassen sich beliebig variieren. Neben verschiedenen frischen Früchten oder Trockenobst (z. B. Datteln, Feigen, Rosinen, Cranberrys) peppen auch Nüsse und Samen wie z. B. Haselnüsse, Walnüsse, Mandeln, Pistazien oder Mohnsamen die Brote auf. Beliebte Gewürze für süße Brote sind Zimt, Anis, Kardamom, Fenchel oder Lebkuchengewürz. Auch mit Schokolade, Marmelade und Konfitüre, Orangeat und Zitronat können Sie die Brote verfeinern.

FESTLICHE OSTERPINZA

Zutaten für 12 Stücke

250 g getrocknete Feigen, 100 ml Weißwein,
600 g Mehl, 1 Würfel Hefe, 160 ml Milch, 75 g Zucker,
3 Eier, 1 Prise Salz, 2 Msp. gemahlener Anis,
abgeriebene Schale von 1 unbehandelten Zitrone,
50 g Zitronat, 50 g Margarine (z. B. von Bertolli) und etwas Fett für die Form

Zubereitung *ca. 1 Std. und 5 Min.*
Gehzeit *ca. 50 Min.*

1. Feigen fein würfeln, in eine kleine Schüssel geben und mit Weißwein übergießen. Mehl in eine Schüssel sieben, in die Mitte eine Mulde drücken. Hefe in 150 Millilitern lauwarmer Milch auflösen, 1 Teelöffel Zucker zufügen und in die Mulde gießen. Mit etwas Mehl zu einem Vorteig verrühren und zugedeckt an einem warmen Ort ca. 20 Minuten gehen lassen.

2. Zwei Eier mit restlichem Zucker, Salz, Anis und Zitronenschale verrühren. Zitronat fein hacken, mit Eimasse und Margarine zum Vorteig in die Schüssel geben. Alles mit den Knethaken des Handrührgeräts zu einem glatten Teig verarbeiten, bis sich der Teig vom Schüsselrand löst. Feigen mit der Flüssigkeit zufügen, vorsichtig unterkneten und zugedeckt weitere ca. 30 Minuten gehen lassen.

3. Backofen auf 200 °C (Umluft: 180 °C) vorheizen. Teig in vier gleich große Stücke teilen und zu Kugeln formen. Teigkugeln in eine gefettete Springform (24 Zentimeter Durchmesser) setzen. Restliches Ei trennen. Eigelb mit restlicher Milch verrühren (Eiweiß anderweitig verwenden) und Pinza damit bestreichen. Im vorgeheizten Backofen ca. 40 Minuten backen. Oberfläche eventuell nach der Hälfte der Backzeit mit Backpapier abdecken.

MONKEY BREAD MIT ZIMTZUCKER

Zutaten für 1 Gugelhupfform

10 EL weiche Butter und etwas Fett für die Form, 240 ml lauwarme Milch, 55 g Zucker, 2 TL Salz, 390 g Mehl und etwas Mehl für die Arbeitsfläche, 7 g Trockenhefe, 1 Handvoll Rosinen, 225 g brauner Zucker, 2 TL Zimt

Zubereitung *ca. 1 Std.*
Geh- und Kühlzeit *ca. 13 Std.*

1. 2 Esslöffel Butter mit Milch, 80 Millilitern lauwarmem Wasser, Zucker und Salz mischen. 300 Gramm Mehl in eine Rührschüssel sieben. Mit Hefe mischen. Butter-Milch-Mischung unter Rühren langsam zur Mehl-Hefe-Mischung geben und mit den Knethaken des Handrührgeräts verkneten. Restliches Mehl und Rosinen zugeben und alles zu einem glatten Teig verkneten. Teig abgedeckt an einem warmen Ort ca. 1 Stunde gehen lassen.

2. Gugelhupfform einfetten. Braunen Zucker und Zimt in einer Schüssel mischen. Restliche Butter in einem kleinen Topf bei geringer Hitze zerlassen. Teig kräftig kneten und auf der bemehlten Arbeitsfläche in 64 gleich große Stücke schneiden. Jedes Stück zu einer Kugel formen und diese in zerlassener Butter und Zucker-Zimt-Mischung wälzen. Kugeln in die Backform schichten. Form mit Frischhaltefolie abdecken und über Nacht im Kühlschrank ruhen lassen.

3. Backform ca. 1 Stunde vor dem Backen aus dem Kühlschrank nehmen. Backofen auf 180 °C (Umluft: 160 °C) vorheizen. Monkey Bread im vorgeheizten Backofen ca. 30–35 Minuten backen, ca. 10 Minuten in der Form abkühlen lassen und aus der Form lösen.

Tipp Sie können das Monkey Bread auch mit verschiedenen süßen Füllungen und Aufstrichen variieren. Hervorragend passt beispielsweise eine Nuss-Nugat-Creme.

REZEPTREGISTER

Text- und Bildnachweis

Bertolli: 22/23, 154/155 Bertolli; Du darfst 72/73; Knorr 44/45 u. re., 74/75 o. li.; Shutterstock: 2 li. sugaretal; 2 re. AS Food studio; 3 li. Family Business; 3 re. Elena Veselova; 5 matka_Wariatka; 6, 8 Shebeko; 10 o. li. Contrail; 10 o. re. A_Lein; 10 u. DronG; 12 Oksana_S; 13 li. baibaz; 13 re. Suzana Marinkovic; 14 o. MintImages; 14 u. li. ch_ch; 14 u. re. area381; 16 li. Siim79; 16 re. Bartosz Luczak; 21 kitty; 23 li. Mikhaylovskiy; 23 re. Africa Studio; 25 li. Gaydel Daniela; 25 M. Andrew Balcombe; 25 re. Dragomir Radovanovic; 27 Bartosz Luczak; 29 o. li. Viktor1; 29 o. re. AS Food studio; 29 u. li. Deniss Grigorjevs; 29 u. re. Shustykevych; 31 sugaretal; 32 li. Olaf Speier; 32 re. SKatzenberger; 33 o. li. Nadezda Murmakova; 33 o. re. Elena Zajchikova; 33 M. li. Tatiana Vorona; 33 M. re. rob3rt82; 33 u. li. fneun; 33 u. re. Ana Prego; 35 o. li. Natalia Livingston; 35 o. re. 5 second Studio; 35 u. li. Quintanilla; 35 u. re. ch_ch; 37 MariaKovaleva; 39 o. li. Fabio Di Natale; 39 o. re. gangis khan; 39 u. li. gangis khan; 39 u. re. Click and Photo; 41 li. Quinn Martin; 41 M. Kamil Macniak; 41 re. Quinn Martin; 43 NoirChocolate; 45 o. li. Evgeniya Zarichnaya; 45 o. re. Aleksandrova Karina; 45 u. li. Kostiantyn Kravchenko; 49 A_Lein; 51 o. Elena Shashkina; 51 u. li. vkuslandia; 51 u. re. Forster Forest; 53 Viktoria Hodos; 55 o. li. Bildagentur Zoonar GmbH; 55 o. re. KatharinaRau; 55 u. li. photoAZ; 55 u. re. Tatevosian Yana; 57 A_Lein; 58 margouillat photo; 61 AS Food studio; 62 Gaus Nataliya; 65 margouillat photo; 67 li. Olinda; 67 M. Olef; 67 re. Dewald Kirsten; 69 o., u. li., u. re Heike Rau; 75 o. re. MNStudio; 75 u. li. Soloviova Liudmyla; 75 u. re. arfo; 77 Edith Frincu; 78 li. Africa Studio; 78 re. Nungning20; 79 o. li. 13Smile; 79 o. re. Arina P Habich; 79 M. li. GANNA MARTYSHEVA; 79 M. re. mama_mia; 79 u. li. yingko; 79 u. re. CaseyMartin; 81 Gaydel Daniela; 83 pingpongcat; 84 li. Natasa Kozic; 84 M. Bartosz Luczak; 84 re. tomasworks; 87 Richard M Lee; 89 li. Polarpx; 89 re. Beate Panosch; 91 Natalia Evstigneeva; 95 PG Studija; 97 o. li., u. re. Brent Hofacker; 97 o. re. Vanatchanan; 97 u. li. moonraiter82; 99 Monkey Business Images; 101 u. li. Le printemps; 101 u. re. Ozgur Coskun; 103 Ozgur Coskun; 105 o. li. Dragomir Radovanovic; 105 o. re. Pelikh Alexey; 105 u. li. D.Makedonskii; 105 u. re. Dmitrii Zhdanov; 107 Viktoria Hodos; 109 o. li. LenaSunny; 109 o. re. Giuseppe Parisi; 109 u. li. Peredniankina; 109 u. re. LenaSunny; 110 o. li., o. re., u. racorn; 111 li. Africa Studio; 111 re. Oleksandra Naumenko; 113 zoryanchik; 115 NoirChocolate; 119 Phototasty; 121 o. li. Africa Studio; 121 o. re. arinakogutova; 121 u. li. Iuliia Timofeeva; 121 u. re. Marcelo_Krelling; 122 beats1; 125 Family Business; 127 ArtAllAnd; 129 li. Africa Studio; 129 M. Dream79; 129 re. Ruslans Golenkovs; 131 PeterVrabel; 133 o. li. ANTONIO TRUZZI; 133 o. re. ArtWell; 133 u. li. Madiz; 133 u. re. Photology1971; 135 Andreas Berheide; 137 li. Tobin C; 137 M. photogal; 137 re. tigermilk; 139 Iva Vagnerova; 143 Elena Veselova; 145 Grezova Olga; 146 li. AndreyCherkasov; 146 M. Heike Rau; 146 re. AndreyCherkasov; 149 Elena Veselova; 151 o. li., u. re. thefoodphotographer; 151 o. re., u. li. Prostock-studio; 152 o. li. Alp Aksoy; 152 o. re. AndreyCherkasov; 152 u. pefostudio5; 153 li. Katarzyna Hurova; 153 re. Grezova Olga; 157 o., u. li., u. re. BEATA PAWLAK; Coverabbildungen: siehe Innenteil

Impressum

Alle Informationen in diesem Buch wurden mit größter Sorgfalt erarbeitet und geprüft. Weder Herausgeber, Autor noch Verlag können jedoch für Schäden haftbar gemacht werden, die in Zusammenhang mit der Verwendung dieses Buches stehen.

www.vivo-buch.de

ISBN 978-3-945623-30-5

Komplettproducing: twinbooks, München
Text und Lektorat: Sarah Herhut, Jana Lösch, Melanie Goldmann für twinbooks, München